CURA EMOCIONAL
EM VELOCIDADE MÁXIMA

O PODER DO EMDR
Dessensibilização e Reprocessamento
através de Movimentos Oculares

David Grand, Ph.D.

CURA EMOCIONAL EM VELOCIDADE MÁXIMA

O PODER DO EMDR
Dessensibilização e Reprocessamento
através de Movimentos Oculares

DAVID GRAND, Ph.D.

EMDR
Treinamento & Consultoria

2013

Cura emocional em velocidade máxima: o poder do EMDR
Título original: *Emotional Healing at Warp Speed – the Power of EMDR*

ISBN-13: **9780615740645**

EMDR

Capa: Joelton de Oliveira de Souza
Tradução: Edith Maria Abreu Garcia de Oliveira
Revisão da tradução: Patricia Jacob
Revisão Técnica: Antonio Ricardo Teixeira
Produção editorial: Esly Regina Souza de Carvalho

Grand, David
    Cura emocional em velocidade máxima: o poder do EMDR - Dessensibilização e *Reprocessamento através de Movimentos Oculares,* por David Grand. Brasília: EMDR Treinamento e Consultoria Ltda. 2013.

226p.

1. Psicoterapia 2. Trauma psíquico. I. Título

CDD - 616.8914

Para Nina e Jonathan -
Centro do meu Universo.

SUMÁRIO

Prefácio para a Edição Brasileira

No mundo da psicoterapia, marcado por mudanças lentas, o EMDR dispara como um cometa no universo de resultados psicoterapêuticos.

Neste livro, David Grand compartilha sua experiência pessoal e profissional. Inicia sua trajetória marcada por certo ceticismo diante da proposta revolucionária do EMDR. Em face às mudanças contundentes que encontra no emprego do EMDR, descobre uma abordagem com o potencial de mudar a vida de muita gente.

De forma clara, transparente e compassiva, David nos transmite suas experiências e seu conhecimento. Navegamos no mundo do EMDR a máxima velocidade junto com ele, um mundo que apresenta, cada vez mais, prova de sua seriedade científica e seus resultados concretos.

David nos relata como entrou em contato com uma forma de tratar os traumas tão estranha às abordagens ortodoxas quanto eficaz nas mãos de terapeuta experientes. Pessoas profundamente traumatizadas começaram a recuperar a sua capacidade de reagir à vida com novas opções de conduta e postura. Os sobreviventes dos ataques terroristas do 11 de setembro em Nova Iorque tiveram a oportunidade de receber ajuda através dos seus esforços humanitários. Atores e atrizes se beneficiaram do seu novo método para desenvolver o potencial criativo dentro de cada um. E com a sua forma singela e comovente, David nos compartilha como EMDR ajudou aos membros da sua própria família.

Num livro de fácil leitura, David Grand traduz à compreensão popular conceitos complexos e experiências inéditas no mundo da psicoterapia. É uma honra convidar o leitor a viajar junto com o autor no universo da cura emocional à máxima velocidade.

Esly Regina S. de Carvalho, Ph.D.
Trainer, EMDR Institute/EMDR Iberoamérica
Presidente, EMDR Treinamento e Consultoria Ltda.
www.emdrbrasil.com.br

Agradecimentos

Meus agradecimentos pessoais mais profundos ao meu colaborador, Richard Merek, por ajudar a trazer minha voz às páginas deste projeto profissional, pessoal e criativo. Sua sabedoria, autoconfiança e eloquência contribuíram para iluminar miríades de experiências e informação.

Certamente, este livro não existiria sem o EMDR e não haveria EMDR sem a Francine Shapiro, que, com sua incansável campanha de cura e humanitarismo, tem sido exemplo e mentora. As palavras da Francine, "Não devolva, passe adiante", servem-me de lema todos os dias.

Obrigado a Robbie Dunton, por seus inestimáveis estímulos aos meus esforços no "Mundo do EMDR". Robbie e Francine são o coração e a alma (permutáveis) do EMDR, protegendo-o e sustentando-o para todos os que o praticam e recebem.

Minha estima a Lisa Roina, que abriu as portas do ICM e me apoiou a cada passo da caminhada. Obrigado ao meu agente literário, Mitch Douglas, que, de modo competente, com habilidade e carinho, reuniu os elementos díspares deste projeto.

Reconhecimento especial ao meu editor, Peter Guzzardi, cujos esforços permitiram a existência deste livro, pois, vislumbrou sua viabilidade e, depois, ajudou a moldá-lo durante todo o processo de elaboração. Gratidão à equipe do Crown/Harmony, especialmente a Linda Loewenthal, Shaye Areheart, Cara Brozenich, Rhoda Dunn e Sarah Trosper.

Obrigado ao meu agente de publicidade, Jan Goldstoff, que insistiu para que eu escrevesse um livro e depois preparou o caminho para ele. Grato a Bob Franke, pela generosidade de compartilhar comigo sua história e juntar-se a mim na cura de inúmeros maquinistas ferroviários.

Gratidão a George Morrison por favorecer o início do treinamento de *coaching* de arte dramática com base no EMDR, e a Rex Knowles por sua colaboração criativa. Obrigado a Chris Ranck e a David Toney por suas contribuições no desenvolvimento e nas apresentações de "O Sistema Grand". Obrigado a Terrie Williams por ter encontrado novas maneiras de aplicar minhas habilidades, e a Judith Adler,por sua magia publicitária.

Uma menção especial à minha assistente, Laurie Delaney por sua competência e lealdade. Este livro não teria sido possível sem seus inesgotáveis esforços e dedicação pessoal. Obrigado a Uri Bergmann por sua amizade e por ensinar-me neurofisiologia. Obrigado a amiga Carol Forgash por seu estímulo, e a David Minshal por sua orientação prudente.

Quero agradecer a meus colegas facilitadores de EMDR, que se tornaram minha família internacional.

Acima de tudo agradeço a minha família. Obrigado a Nina, minha alma gêmea, mãe de nosso filho, e minha mais confiável conselheira; a Jonathan, meu filho, amigo e inspiração; a minha mãe e ao meu pai por terem me dado vida e amor.

PARTE I

MINHAS PRIMEIRAS EXPERIÊNCIAS COM EMDR

CAPÍTULO 1 – Sou apresentado ao EMDR

Fui sem grandes expectativas. Meu amigo Uri Bergmann, também psicoterapeuta, porém mais disposto a novas experiências (ele trabalhava com hipnose e manejo da dor), soubera de um novo método terapêutico chamado EMDR – sigla em inglês para Dessensibilização e Reprocessamento Através de Movimentos Oculares. Ele ficara impressionado com os resultados que alcançou usando o método, especialmente em um caso específico, e agora queria aprender mais. Perguntou-me se eu o acompanharia até o Hotel Loew, na Avenida Lexington em Nova York, para um final de semana de treinamento em Nível I. Meio relutante, mas concordei.

Era 1993 e eu estava com quarenta anos de idade. Minha vida estava para mudar para sempre.

Havia umas oitenta pessoas na sala de conferências – várias, descobri posteriormente, do exterior – todos nós observando com admiração a notável mulher de aproximadamente quarenta anos, 1m78 de altura e grande dinamismo chamada Francine Shapiro, que falava com segurança e clareza a respeito da nova forma de psicoterapia desenvolvida por ela.

Confesso que não compreendi de imediato a maior parte das informações. Suas ideias derivavam da psicoterapia cognitivo-comportamental (descrita de forma simplista, "o que você sente vem daquilo que você pensa"), enquanto eu, treinado como psicanalista, acreditava na influência das experiências da primeira infância na formação da personalidade, do conflito e do eu. Sua fala era altamente técnica, repleta de palavras e frases que eu só viria a incorporar mais tarde, mas fiquei impressionado com seu entusiasmo e fluidez, tanto de suas palavras quanto de seus movimentos. No decorrer do dia, mostrava-se à vontade e autoconfiante ensinando seu novo método.

Paramos para o almoço. Lembro-me de ter dito ao Uri que não havia ficado impressionado, nem não impressionado. Óbvio que a mulher não era uma doida e, embora fosse difícil imaginar-me usando aquela abordagem com meus pacientes, não desconsiderei seu interesse. "Fique para a parte prática desta tarde", ele disse, embora em nenhum momento tenha passado pela minha cabeça não ficar.

Depois do almoço, a doutora Shapiro apresentou mais uma hora de palestra (agora eu *estava* ficando impaciente). Fizemos um intervalo e finalmente a disposição das cadeiras foi modificada e, com os manuais em mãos, nos dividimos em grupos de três – "paciente", "terapeuta" e "observador" – para iniciar a parte *prática*, pôr mãos à obra. Acompanhando nosso trabalho havia um facilitador, alguém versado na prática do EMDR, para orientar nossos esforços e corrigir nossos erros.

Apesar de não ser aconselhável que amigos façam a prática no mesmo grupo, Uri e eu felizmente conseguimos ficar juntos, talvez prevendo a designação do terceiro membro do nosso grupo, um homem que precisava de considerável apoio, tão visivelmente nervoso que o lápis para tomar notas tremia em suas mãos. Uri e eu nos entreolhamos, preocupados com o seu desempenho.

Bom, para iniciar, ele foi o primeiro terapeuta. Embora fôssemos trocar de papéis após quarenta e cinco minutos, coincidiu de que nessa primeira rodada eu seria o paciente e Uri o observador. O facilitador logo chegou para nos dar as primeiras instruções. Tratava-se de um senhor de aproximadamente sessenta anos, do sul da Califórnia, com uma abordagem didática pouco exigente. Eu estava me sentindo meio inseguro. *Que sorte*, pensei, *um terapeuta vulnerável e um facilitador "laissez-faire"*. Além do mais, a sala era barulhenta e as cadeiras desconfortáveis. Não exatamente o lugar ideal ou ambiente apropriado para aperfeiçoar o aprendizado. E prova de que não escolhemos o lugar para nossas epifanias.

O primeiro passo na terapia com EMDR é o terapeuta orientar o paciente na escolha de um alvo – algum aspecto perturbador do passado ou do presente que o paciente queira trabalhar. Um evento traumático – como um acidente grave ou a morte de algum ente querido – é um alvo; pode ser também algo bem menos dramática, como uma lembrança inquietante ou um sonho recorrente que há vários anos aparece em sua mente.

O alvo que eu escolhi é conhecido, em termos psicanalíticos, como lembrança encobridora, algo que não parece ser muito significativo em si, mas que, como um sonho, disfarça material subjacente mais profundo e mais importante.

Nesta lembrança, eu devo ter quatro ou cinco anos de idade. É de tarde. Minha mãe está no hospital, mas eu não sei por quê. Quem está cuidando de mim não é a Sra. Kenneth, minha babá habitual, uma mulher de idade e bondosa que aprendi a amar e a confiar; também não é minha avó, com quem sou bastante ligado. Quem está cuidando de mim é uma mulher desconhecida que veste um uniforme branco com óculos brancos de arlequim e uma expressão de hostilidade e desaprovação. A área gramada atrás do nosso prédio de três andares em Fresh Meadows, Queens, Nova York, tem uma ligeira ascendência. Ela está na parte superior, e eu na parte de baixo, ingenuamente querendo ir a um parquinho próximo. A mulher não apenas manifesta uma reação hostil ao meu pedido, mas, de alguma forma, me passa a impressão de que estou sendo "mau" por me sentir só. Tenho medo dela, sinto-me vulnerável e confuso. Queria que minha mãe estivesse em casa.

A lembrança permanecera surpreendentemente vívida em seus detalhes e pude descrevê-la sem hesitações. Uri olhou para mim com seu costumeiro olhar analítico; enquanto isso, o desconcertado terapeuta olhava confusamente para o manual, na tentativa de rever as instruções.

"Qual a cognição negativa a seu respeito associada a essa lembrança?", leu em voz alta, mecanicamente. Como explicarei melhor no Capítulo 2, *cognição negativa* se refere a um pensamento irracional ("Não tenho valor" ou "Sou burro") e não a uma ideia realista ("Já passou, estou a salvo agora"). "É minha culpa", respondi.

Depois de estabelecido o protocolo (discutiremos seus detalhes no Capítulo 2), o terapeuta começou esquecendo os aspectos mais óbvios do processo. "Você não deveria usar os movimentos das mãos?", perguntou-lhe Uri. "O paciente não tem que estar seguindo esses movimentos com os olhos?"

Sim. O terapeuta esquecera. Agora o facilitador chegou e demonstrou a técnica correta. Entre nós, Uri e eu testamos os movimentos das mãos. Uri precisou pacientemente explicar ao terapeuta quais deveriam ser os próximos passos e estimulá-lo a prosseguir. Mas o foco que eu havia reunido já tinha desaparecido. Lembro-me de ter sentido frustrado, enojado, ressentido e irritado.

Começamos novamente. Mais uma vez busquei a lembrança alvo, mas agora acompanhei os movimentos da mão do terapeuta com meus olhos. Esquerda direita... esquerda direita... esquerda direita... De repente - *bum*! - uma sensação apareceu do nada.

Senti alguma coisa enrolada no meu pescoço! O aperto estava aumentando, e eu ofegava em busca de ar. Eu estava sufocando!

Apesar de estar sentado na cadeira, senti-me literalmente imprensado contra uma parede. Adrenalina pulsava em meu organismo, e meu peito arquejava. Estava ofegante como se tivesse corrido quilômetros ("Suas narinas estavam alargadas como as de um cavalo de corrida", me disse Uri depois).

Fora o pavor, o restante era confusão. O que ou quem estava me estrangulando? Seria uma lembrança de nascimento, do cordão umbilical que quase me enforcou? Subitamente vejo um rosto embaçado com olhos inexpressivos. Era o vizinho ou menino valentão que morava ao lado com as mãos na minha garganta? Senti como se estivesse enfrentando a morte!

A cena estava tão vívida quanto um *flashback* no cinema; tanto as visões quanto as sensações físicas eram palpáveis. Eu conseguia estar ao mesmo tempo dentro da lembrança e fora dela, participante e observador. Para qualquer um teria sido uma experiência excepcional. Para mim, um terapeuta experiente, foi alucinante.

À medida que a imagem começou a esmorecer, ouvi música, fraca no início, mas ficando cada vez mais clara: *Doutor my eyes* de Jackson Browne.

> *Doutor, meus olhos,*
> *Não conseguem enxergar o céu.*
> *Será esse o prêmio*
> *Por ter aprendido como não chorar?*

Assim que acabou aquele *flashback,* este foi imediatamente seguido de outro, e depois outro, e mais outro. Um total de cinco lembranças, todas vívidas e igualmente intensas.

* Estou entrando no refeitório da escola. Dois garotos fortes, bem maiores que eu, me agarram sem qualquer sinal prévio, empurram-me contra um poste e prendem minhas mãos atrás dele. Não dizem nada, ficam rindo como que tentando me amedrontar, mas estou preso e indefeso. A pior parte é que outros colegas passam por mim e, ou não se importam, ou fingem não ver o que estava acontecendo. Isso me faz lembrar como não fui protegido contra os valentões da pré-escola e da primeira série. Finalmente consigo soltar meus braços e me libertar. Corro para a mesa que sempre uso e me sento na cadeira. Meus amigos não percebem nada. Estou sozinho. A lembrança começa a sumir e logo salto para outra.

* Estou no parque com um amigo, ambos temos nove anos de idade. Minha família acabou de se mudar para a vizinhança (saímos de Fresh Meadows, bairro predominantemente habitado por judeus de classe média, para Elmhurst, bairro mais de elite, onde os judeus são mais raros). Novamente, sou ameaçado por meninos mais velhos e maiores que exigem saber se já fui batizado. Não respondo, mais por desafio do que por medo. Eles seguram meu amigo e a mim prendendo nossos braços atrás das costas, e jogam água suja de poças em nossas cabeças e rostos. Olho diretamente para os olhos de um deles e pergunto por que eles fazem isso conosco. Surpreso pela minha tentativa de argumentar, ele pára por alguns instantes, mas logo retoma a atividade, molhando-nos com água suja. Alguns adultos estão no parque, mas ignoram o incidente, fingindo que nada está acontecendo. A cena termina, e abruptamente a próxima começa.

* Estou com aproximadamente vinte anos, viajando de ônibus por uma estrada tortuosa em Martinica. O ônibus é velho e pesado, e o motorista dá uma forte guinada na direção procurando evitar um carro imprudentemente dirigido. O ônibus perde o controle. Há silêncio absoluto pelo que me parece de uns dez segundos, todos nós sabendo o que está para acontecer. O ônibus capota e cai em um barranco. Ele está agora cheio de gritos, menos os meus. Durante a fração de segundo quando minha cabeça é jogada contra o teto de metal, as palavras *"É isso"* passam por minha mente. Acredito estar vivendo os momentos finais de minha vida. Enquanto a imagem desbota tornando-se escuridão, a próxima aparece.

*   Estou com dezenove anos, sou conselheiro em um acampamento em Maine. Resolvo fazer mergulho e, usando equipamento emprestado, pulo de uma plataforma para dentro do lago. Após apreciar a vista embaixo da água, subo à superfície, achando que o *snorkel* está fora da água. Inspiro profundamente, com isso puxando água para dentro dos meus pulmões e estou imediatamente tomado por exaustão. Entro em pânico. Estou sufocando. Agarro a água com meus braços enfraquecidos; menos de sete metros me separam da segurança. Os últimos metros são os mais difíceis. De algum jeito, consigo subir na plataforma e desabo, tentando respirar. Quando finalmente consigo ficar de pé, arrasto-me até a praia, onde fico deitado de bruços por, talvez, meia hora, minha cabeça zumbindo com a ideia de que quase morrera afogado. Ninguém sabe e nem jamais saberá, a não ser que eu conte. Sozinho outra vez.

"Acabou o tempo", interrompeu o facilitador. "Precisamos trocar os papéis para continuar a prática."

Sentia-me atordoado enquanto voltava ao mundo real. Uri me olhava, sua expressão como a de um jogador de pôquer. Meu terapeuta, ensopado de suor, estava tanto assoberbado quanto impressionado. Foi arrastado em uma inesperada viagem através de uma série de lembranças traumáticas. O lápis tinha caído de sua mão e o manual estava de cabeça para baixo no seu colo. Uri nos fez lembrar o último passo: retornar ao alvo inicial.

E então – um milagre! Quase não consegui me lembrar da cena inicial, muito menos evocar as emoções que originalmente elas provocavam. Era como se a enfermeira babá nunca tivesse existido; a angústia e o pavor haviam sumido. A tela foi arrancada, e os vívidos *flashbacks* e lembranças traumáticas que eu carregara tantos anos surgiram das sombras e foram libertados. Quando as lembranças que estavam interligadas ao longo das redes de memórias associadas foram reprocessadas, o alvo original descongelou e sua força emocional foi eliminada.

Uri assumiu os movimentos oculares finais para mim e me vi soltando o meu pescoço, que eu apertava com as minhas próprias mãos. Pela primeira vez percebi que, no decorrer de minha vida, eu mesmo sufocava minhas forças vitais, minhas emoções, criatividade e amor-próprio. Na finalização, ouvi Bob Marley cantando as seguintes linhas da música *Redemption Song*:

> *Emancipe-se da escravidão mental*
> *Somente nós podemos libertar a nossa mente.*

Uma hora depois, Uri e eu deixamos o hotel. Caminhamos em silêncio, abalados demais para falar sobre o que eu experimentara. Eu sabia que tinha experienciado algo profundo, algo transcendental. Minha primeira exposição ao EMDR sacudiu meu mundo, e a minha mente viajava loucamente, pulando de paciente para paciente, me perguntando como cada um deles poderia reagir a esta nova terapia. Hesitava ao considerar as implicações do que viria pela frente.

Os *flashbacks* eram "verdadeiros"? Os incidentes lembrados ocorreram de fato?

Com certeza estive em Martinica em um ônibus que capotou, fui atormentado por garotos no ensino médio, quase me afoguei em um acampamento de verão, e três meninos de fato me "batizaram" com água de poças, para minha intensa humilhação. Mas eu não havia conscientemente percebido ainda estar traumatizado por esses eventos. Quanto à sensação de sufocamento, o *flashback* mais significativo: realmente ocorreu? Poderia ser a lembrança do meu difícil nascimento? Seria alguém me estrangulando? Teria sido um parente, amigo, ou um estranho? A face na imagem era embaçada; a sensação das mãos ao redor do meu pescoço não era. O terror era tão palpável quanto a falta de ar nos meus pulmões. Poderia ser o menino da porta ao lado, que era sempre hostil comigo, mas não tenho certeza. Nossas lembranças nem sempre são confiáveis, e os detalhes tinham menos importância para mim do que o significado deste *flashback*.

Levei alguns dias para compreender que as cenas todas tinham um tema semelhante: minha inabilidade de respirar ou de resistir ao sufocamento enquanto outros assistiam apáticos. Demorou mais ainda para perceber que cada lembrança era uma metáfora que representava a maneira pela qual eu recordava aspectos de minha infância.

Como todos os pais, os meus transportaram suas experiências de vida para o seu casamento e criação de filhos. Meu pai, cujo pai era rigoroso e violento, obtinha atenção em sua numerosa família por comportar-se bem e ser estudioso. Enquanto seus quatro irmãos começavam a trabalhar, ele buscou seguir carreira em educação judaica, eventualmente fazendo revelação de filmes para diversas organizações judias. Por ocasião da Segunda Guerra Mundial, registrou sua *objeção consciente*[1] e foi designado primeiro como madeireiro em New Hampshire e, posteriormente, como auxiliar em um hospital mental de Connecticut. Sentia-me mal quando meus colegas de escola começavam a se gabar sobre como seus pais serviram o exército ou junto aos Fuzileiros Navais durante a Guerra. Se pressionado, acabava dizendo que meu pai tinha estado na Marinha, mas sem oferecer qualquer detalhe. Somente quando adulto eu fui compreender sua escolha como sendo um poderoso ato de consciência.

Minha mãe, dez anos mais nova, era mais acessível que meu pai. Ela era tanto resiliente quanto vulnerável. Seu pai, homem bondoso e afetivo, foi um farmacêutico que trabalhava sete dias por semana para manter sua farmácia funcionando. Logo que ela começou a prosperar, a família viu-a ser desalojada para dar lugar a uma ponte, a Triborough Bridge. Inconsolável, meu avô sofreu um ataque cardíaco e veio a falecer quando minha mãe tinha vinte e um anos de idade. A mãe dela era uma perfeita dona-de-casa e cozinheira e, embora amorosa, às vezes ficava deprimida e crítica. Nessas ocasiões, corria com minha mãe da cozinha proferindo o equivalente iídiche a "Você é atrapalhada". Pouco tempo após a morte de seu marido, minha avó foi diagnosticada com câncer de garganta e definhou até morrer no Hospital de Nova York. Logo depois, minha mãe desenvolveu claustrofobia e medo de não conseguir respirar.

Mostrava-se ansiosa quanto a ficar presa no ônibus ou no metrô e quando ia ao cinema, ficava somente se conseguisse assento de corredor. Muito abalada com o falecimento dos pais,

---

[1] N. da T. *Conscientious objector*: opção do cidadão norte-americano que, ao alistar-se militarmente, faz objeção quanto a participar ativamente de guerra em razão de princípios filosóficos ou religiosos.

recuperou-se lentamente, mas sempre assombrada por medos de doenças e de mortalidade.

Minhas lembranças de infância em relação à minha mãe incluem momentos de envolvimento amoroso e momentos de diversão entrecortados por sua tristeza e seus temores. Ascendi ao papel de cuidador emocional, detestando vê-la na dor e, enquanto tentava prover a mim mesmo estabilidade. Apesar de muito cheio de vida e curiosidade, fui uma criança tímida e insegura e, ao chegar à adolescência, sentia-me frequentemente ansioso, não obtinha boas notas na escola e era propenso a enxaquecas.

Minha mãe possuía mestrado em Educação e, apesar de ter deixado de trabalhar quando minha irmã nasceu, estimulava maravilhosamente nossa criatividade, minha e de minha irmã. Quando éramos menores, sentava-se conosco à mesa de jantar e supervisionava nossos projetos de artes e de contação de histórias. Apesar de sempre oferecer livremente carinho e amor, minha mãe lutava contra meu desejo natural de independência.

Em contraste, havia muitas coisas sobre meu pai que eu não compreendia. Com a maturidade, percebi que ele foi um homem profundamente espiritual e emotivo, reservado quanto à sua vida interna. Papai tinha padrões elevados, principalmente em relação à moralidade e erudição. Raramente ouvi um elogio ou tive um gesto de afeição de meu pai, então cresci sem ter certeza de seu amor. Minha mãe me assegurava de que ele falava de mim com orgulho para os seus amigos, mas eu me questionava por que ele não poderia dizer isso diretamente para mim? Nas ocasiões em que eu me pendurava nele brincando, afastava-me dizendo: "Não chegue tão perto", e naquelas raras e emocionantes oportunidades em que brincava de pega-pega comigo, rapidamente perdia o interesse.

Meu pai nunca compreendeu o quanto eu sofria com seu distanciamento. Entretanto, construí minha própria ponte até ele, identificando-me com suas qualidades de perseverança e inovação. Segui seus passos ao tornar-me escritor e palestrante.

Meu relacionamento com minha irmã era ao mesmo tempo afetuoso e competitivo. Ela era três anos mais velha do que eu e dividimos o mesmo quarto até eu completar nove anos de idade. Ela era uma parceira de brincadeiras brilhante e criativa; foi ela quem me apresentou ao mundo do *rock* e ao namoro. Mas ela alternava entre ser amorosa e ser competitiva. Seus arroubos de ciúme faziam-na usar seu tamanho e sofisticação para ter vantagem sobre mim (não era unilateral; eu também tinha sentimentos de rivalidade em relação a ela). Minha melhor defesa contra ela era ser o filho mais dócil para meus pais, era o meu jeito de revidar. Mas o tempo e a maturidade têm seu jeito de fazer essas memórias desvanecerem.

Muito novo, descobri formas de suprimir pensamentos e sentimentos dolorosos. Lá pela metade de minha adolescência, a maior parte dos meus sentimentos positivos ficou congelada junto com os sentimentos negativos que eu reprimia. Minha auto-asfixia atingiu força máxima. Em consequência, meu nível de maturidade ficou abaixo de muitos dos meus colegas. Eu vagava sem rumo pela faculdade, mantendo meu padrão acadêmico abaixo da média. Namorava ocasionalmente e meu primeiro relacionamento sério foi com uma menina quatro anos mais nova do que eu. Experimentei maconha – para mim, um passo em direção à independência e normalidade – e recordo-me de adentrar em um centro acadêmico para jogar pingue-pongue viajando, ao som de *Crossroads*, de Eric Clapton.

A guerra do Vietnã estava em seu apogeu. Meu pai encorajava-me a fazer uma *objeção consciente* quando me alistasse. Eu tinha medo de desapontá-lo e era contra a guerra, mas não era nenhum pacifista. Assim, no formulário de inscrição, quando cheguei à pergunta "Você é contra toda e qualquer forma de guerra?", respondi "não" e tornei-me recrutável.

Por ser estudante, obtive direito a uma prorrogação para alistar-me, mas, durante meu último ano do ensino médio, o Presidente Nixon encerrou o recrutamento. Viajava em direção a Filadélfia quando ouvi a notícia no rádio e precisei parar o carro para assimilar a informação. Estava a salvo, embora soubesse que centenas de milhares de outros rapazes não tiveram a mesma sorte e voltavam para casa como cadáveres, usando muletas, e com almas atormentadas. Décadas depois, tive a honra de poder ajudar a curar seus traumas com EMDR.

Precisava decidir qual seria meu futuro curso e fazer escolhas quanto aos meus estudos. Minha própria busca por significado interior levou-me a cogitar a possibilidade de tornar-me psicoterapeuta. Entrar para um programa de doutorado para psicologia exigia médias altas, o que eu não tinha. Optei, portanto, e fui aceito em um programa de mestrado da Escola de Assistência Social da Universidade Yeshiva, caminho alternativo para a área psicoterápica. Gostava das aulas, mas os problemas começaram junto com o trabalho de campo em um hospital clínico de saúde mental. Comecei o dia na clínica às 9h e, sistematicamente, às 14h tinha desenvolvido uma insuportável dor abdominal. Minhas emoções reprimidas exigiam atenção. Minha supervisora detectou problemas em meu trabalho com os pacientes que eu sequer percebera. Fiquei tão mal que ela só me aprovou naquele primeiro semestre com a condição de que me submetesse à terapia.

Com duas semanas de terapia, comecei um processo de auto-exploração e de cura que continua até hoje, e minhas dores de estômago cessaram. Formei-me com as mais altas honras. Consegui meu primeiro emprego (recebendo US$ 12.700 dólares por ano) como assistente social em uma agência de reabilitação vocacional e aluguei um *loft* em Queens. No trabalho, as atitudes malucas vinham mais dos administradores do que dos pacientes portadores de perturbação emocional, mas foi um teste de fogo do qual extraí uma quantidade imensa de ensinamentos a respeito do trabalho com pessoas emocionalmente despedaçadas. Os assistentes sociais se uniram para adquirir apoio mútuo e aprendizado. Uma delas era Nina Cohen, que me encantou com sua beleza, doçura e sabedoria. Três anos depois, fui promovido a assistente social sênior (e, posteriormente, a diretor clínico) em um centro de aconselhamento em Long Island. Nina e eu nos casamos, nos mudamos para uma casa no subúrbio e tivemos um filho, Jonathan, que é uma bênção para nós dois até hoje. Não tenho dificuldades em estabelecer limites para ele ou dizer, diariamente, o quanto o amo; mas paternidade ainda é paternidade, com todos os seus altos e baixos.

Em 1981 comecei a trabalhar como terapeuta em consultório particular durante meio-expediente e, um ano depois, deixei a clínica para trabalhar em tempo integral como terapeuta autônomo. Fui aceito por um instituto de treinamento psicanalítico que exigia três anos de estudo e análise pessoal. Ali foi construída a base de meu conhecimento para compreender e auxiliar as pessoas que procuram minha ajuda nos seus complexos desafios.

Continuei estudando durante dezessete anos. Alcancei um nível de vida bastante satisfatório e me considerava satisfeito, se não particularmente realizado. Fui capaz de sentir emoção, experimentar e expressar prazer e alegria, relacionar-me com amigos, conhecidos e estranhos, e até mesmo falar em público e andar com confiança em uma festa.

Em resumo, estava pronto para algo extraordinário. Estava pronto para o EMDR.

Quarenta anos de idade pode parecer muito tarde para alguém descobrir seu chamado, mas o mundo está repleto de pessoas que desenvolveram seu potencial depois dos trinta anos ou na meia-idade (Thomas Mann, por exemplo, só escreveu seu primeiro livro aos trinta e nove anos). Talvez eu não estivesse pronto para expandir até aprender a enfrentar minhas emoções em vez de tentar fugir delas, processo que levou todos esses anos. Quem sabe, eu simplesmente precisava conhecer e ser inspirado por Francine Shapiro.

De qualquer modo, graças ao EMDR deixei de ser um psicoterapeuta bem-sucedido em Long Island para sê-lo internacionalmente. Passei de menino que relutou em sair de casa, para homem que foi a Belfast ajudar seus habitantes na recuperação de vinte e cinco anos de conflitos religiosos. O EMDR capacitou-me a tratar vítimas de traumas graves, testemunhas e vítimas de devastações decorrentes de acidentes de trem, até incidentes nas perigosas ruas de Bedford-Stuyvesant. Já ajudei a melhorar dramaticamente o desempenho de atletas profissionais e de artistas criativos, incluindo o desenvolvimento de um método inédito de dramatização, que incorpora tecnologia de EMDR. Juntamente com outras pessoas, tenho somado à fundação Francine Shapiro com formas inovadoras de fazer o EMDR ainda mais eficaz, proporcionando-lhe uma aplicação mais abrangente para os desafios da vida. Neste livro, descreverei alguns de meus encontros mais dramáticos, levarei você à altura que o EMDR pode alcançar e provarei que traumas não precisam produzir cicatrizes pela vida toda – de fato, podem ser curadas - *às vezes em poucas horas!* (É importante ressaltar que em muitos casos de trauma profundo na infância, a cura com EMDR pode, como veremos, levar meses, ou até anos.)

No decorrer de minha jornada e durante a minha prática, especialmente desde que aprendi EMDR, aprendi muitas verdades que transcendem qualquer técnica terapêutica ou sistema de crenças.

• É terapêutico para psicoterapeutas que estejam abertos e à vontade com o fato de que, assim como aqueles que buscam sua ajuda, eles também são vulneráveis e falhos. É antiterapêutico para terapeutas se esconderem atrás de sua posição superior na relação de poder.

• Terapia funciona melhor quando duas pessoas encontram o caminho juntas, uma precisando de ajuda com um problema e a outra sendo capaz de agir como orientadora na solução do problema, mas em todos os demais aspectos, como iguais.

• O bom terapeuta oferece ao paciente a experiência de outra pessoa, bem como as experiências do próprio paciente.

• O terapeuta que não aprende com seu paciente, não está fazendo o seu trabalho adequadamente.

• O cérebro tem a capacidade de curar-se de memórias, emoções e crenças intratáveis, assim como o corpo consegue se curar de ferimentos físicos. Fará isso espontaneamente, quando os obstáculos para a cura forem removidos.

• As únicas respostas significativas encontram-se na mente, no corpo e no espírito do paciente. Terapeutas não podem nunca *por si sós* chegar perto de compreender a essência dos problemas do paciente – estamos sempre fora. A melhor terapia leva o paciente a encontrar as respostas em si mesmo e a fazer uso delas, sem a influência externa do terapeuta.

• Não precisamos aceitar que estamos "presos para a vida toda" aos sintomas dolorosos, à baixa autoimagem ou a discursos negativos que ecoam constantemente em nossas mentes. Mudanças "milagrosas", consideradas impossíveis anteriormente, são possíveis agora e, às vezes, em velocidade máxima!

Dadas essas verdades universais, o método certo – pelo menos o EMDR – é maior do que qualquer terapeuta específico. Qualquer terapeuta que o usar pode beneficiar seus pacientes. Qualquer um que o "receber" pode ser ajudado.

Mas o que precisamente *é* EMDR? De que forma ele tem sido modificado e expandido? Por que estou tão convencido de sua eficácia?

A melhor forma de responder a essas perguntas é levá-lo a conhecer mais sobre o EMDR: seu desenvolvimento, sua teoria e prática. Depois, compartilharei com você minha própria experiência, desde receptor surpreso e profundamente emocionado até praticante experiente. Posteriormente, mostrarei o EMDR a você – e mostrarei a mim mesmo - em ação.

CAPÍTULO 2 – A teoria do EMDR

O fato de que movimentos oculares feitos da esquerda para a direita e da direita para a esquerda têm efeitos fisiológicos e psicológicos é conhecido há bastante tempo. Hipnotizadores, às vezes, usam esses movimentos como auxiliar na indução de um estado de transe. O polêmico psiquiatra Wilhelm Reich postulou que "soltar" os olhos era uma maneira de liberar emoções e sentimentos reprimidos. A própria ação de ler aprofunda a compreensão do que se lê. Pessoas envolvidas em pensamento moverão os olhos sem perceber.

De fato, qualquer movimento bilateral, não apenas movimento ocular, afeta o cérebro, em alguns casos estimulando-o, em outros relaxando-o ou libertando-o de ansiedade e estresse. Tambores africanos, dependendo de sua cadência, podem excitar o público ou acalmá-lo. O som tem muito mais efeito quando experienciado de forma estereofônica do que monofônica. Corredores de longa distância, cujas pernas movem-se em ritmo regular, falam ao mesmo de entrarem em uma "zona" e perceberem o aumento de sua capacidade para resolver problemas. A estimulação bilateral tende a aflorar aquilo que mais prevalece em sua mente e ajudá-o a resolver a questão, levando a uma resposta de relaxamento.

A genialidade de Francine Shapiro foi perceber como esse fenômeno poderia ser aplicado de forma terapêutica.

AS ORIGENS

"A semente do EMDR brotou numa tarde ensolarada no ano de 1987, quando fiz um intervalo para divagar em volta de um pequeno lago," escreve Dra. Shapiro em seu livro, *EMDR: the breakthrough "eye movement" therapy for overcoming anxiety, stress, and trauma*, escrito em 1997. "Percebi que quando um pensamento perturbador entrava em minha mente, meus olhos começavam a mover-se, espontaneamente, de um lado para o outro. Faziam movimentos rápidos em linha diagonal da esquerda inferior para a direita superior. Ao mesmo tempo, notei que o pensamento perturbador havia se deslocado da minha consciência e quando o trouxe de volta, já não me incomodava tanto" (p. 9).

A Dra. Shapiro fez a experiência novamente, só que, desta vez, de forma deliberada. Escolheu um pensamento que produzisse ansiedade e moveu os olhos. O resultado foi o mesmo. Experimentou com amigos e conhecidos. De novo o processo funcionou, embora às vezes fosse preciso dirigir os movimentos oculares usando os dedos. No entanto, a ansiedade diminuía, mas não desaparecia totalmente, e então ela percebeu que precisaria desenvolver um procedimento para resolver a ansiedade de forma mais completa. "Aprendi", ela explica, "que eu tinha que pedir à pessoa que mudasse o foco de sua atenção (para um aspecto diferente daquilo que a incomodava) ou dirigir os movimentos oculares em outra direção, horizontalmente, talvez, ou de forma mais rápida ou mais devagar. Quanto mais experimentava, mais eu via a necessidade de encontrar alternativas para impulsionar o efeito positivo quando este paralisava."

Assim nasceu o conceito fundamental de *alvo* ou sucessão de alvos, dependendo da extensão da terapia. Mas antes de descrevê-los e como são usados no protocolo terapêutico, é importante compreender um pouquinho sobre o cérebro.

CÉREBRO ESQUERDO, CÉREBRO DIREITO

Você certamente já leu a respeito dos dois lados do cérebro, o direito que comanda a emoção e a criatividade, e o esquerdo, o pensamento cognitivo. Essa divisão está muito simplificada, até mesmo simplista, pois existe interação contínua entre todas as partes do cérebro. As conexões cerebrais constituem um sistema infinitamente complexo de neurônios e sinapses; há mais de quatro *quatrilhões* de conexões que compreendemos, atualmente, de maneira extremamente limitada.

O cérebro é um sistema incrivelmente complexo constituído de uma variedade de estruturas, das quais muitas se encontram tanto no hemisfério esquerdo quanto no direito. Contudo, o cérebro também se encontra dividido em três outros segmentos: o cérebro humano, o cérebro mamífero e o cérebro reptiliano. O cérebro humano também é conhecido como prosencéfalo, o cérebro pensante ou cortical; o cérebro mamífero é conhecido como mesencéfalo, o cérebro emocional ou límbico; o cérebro reptiliano, na base do crânio, é conhecido como rombencéfalo ou cérebro primitivo, governando funções autônomas como o sono REM, reflexos, circulação e respiração. A face inferior do rombencéfalo, o tronco cerebral, conecta-se com o resto do sistema nervoso no topo da medula espinhal. Essa é a verdadeira conexão mente-corpo, uma vez que toda informação que viaja do cérebro ao corpo, e vice versa, passa por esse portal.

A despeito da atenção dada aos mecanismos do cérebro em décadas recentes, os maiores especialistas em neurologia admitem conhecer ainda muito pouco sobre o seu funcionamento. Nosso entendimento de como o EMDR funciona é igualmente bastante limitado. Muitas teorias têm sido apresentadas, a mais simples afirmando que a estimulação bilateral alternada aumenta a comunicação entre os hemisférios esquerdo e direito do cérebro. Nessa teoria, o fluxo intenso e rápido do processamento com EMDR intensifica a comunicação constante entre todas as estruturas cerebrais interconectadas. Os paralelos feitos entre os movimentos oculares do EMDR e aqueles que ocorrem durante o sono REM são óbvios, assim como o processamento de informação que acontece durante as duas atividades. Pesquisador em neurologia na Universidade de Harvard, Robert Stickgold, PhD., especulou que o fluxo de informação do hipocampo (que armazena informação) para o neocórtex (que analisa informação) é direcionalmente invertido no EMDR, como também nos ciclos REM, permitindo ao cérebro reavaliar informação congelada em um sistema que ficou sobrecarregado por ocasião da situação traumática. Outros acreditam que o EMDR funciona porque seu efeito de distração alternada ativa uma resposta contínua de surpresa, desequilibrando o cérebro e causando inquietação e propiciando uma reformulação da informação armazenada de forma disfuncional. Ambas as ideias fazem sentido e provavelmente fazem parte de um quebra-cabeça muito maior que estamos apenas começando a montar.

A TRAJETÓRIA DA TERAPIA COM EMDR:
OS PRIMEIROS PASSOS

É claro que um terapeuta precisa trabalhar bastante com o paciente antes de iniciar realmente a estimulação bilateral e a complexa atividade cerebral. Normalmente, durante a sessão inicial, o terapeuta colherá a história do paciente. Esse passo fundamental em qualquer relacionamento médico-paciente é particularmente importante aqui, uma vez que o terapeuta de EMDR sabe que a resposta do paciente ao EMDR pode ser muito intensa e quer assegurar-se de que não seja avassaladora. O EMDR é imediatamente útil para pessoas moderadamente traumatizadas, ansiosas ou estressadas; e pode ser perigosamente desestruturante para pessoas gravemente perturbadas, com as quais o terapeuta precisa proceder de modo cuidadoso e lento.

Depois de colher a história, o terapeuta explica como o processo funciona e o que esperar. O paciente é informado que uma questão menos complexa, como um único incidente traumático na vida adulta (acidente de carro ou assalto) pode ser resolvido em poucas sessões, mas que um problema mais complexo, que geralmente decorre de uma história de trauma e abuso na infância, fica profundamente intricado no sistema, podendo levar meses ou até mesmo anos de processamento com EMDR para que a cura seja completa. Um paciente que apresenta um trauma discreto é informado que outros traumas esquecidos ocorridos na vida pregressa podem emergir, complicando e alongando o tratamento.

IDENTIFICANDO O ALVO

O terapeuta pede, então, ao paciente que escolha um alvo – um incidente, lembrança ou imagem que o perturbe, ou até mesmo uma emoção específica, como pânico ou tristeza. Para o terapeuta é mais fácil trabalhar com uma situação específica. Se a queixa for mais generalizada ("Eu sofro de ataques de pânico"), o terapeuta deve então rastrear a origem do sentimento. "Quando foi a primeira vez que você experienciou esse pânico?" ele ou ela perguntará. "O que estava acontecendo em sua vida naquela época?". Uma das abordagens mais eficazes de Francine Shapiro era fazer ao paciente três perguntas: Qual foi a primeira vez que você sentiu isso? Qual foi a pior vez? Qual foi a mais recente? Por fim, todas as três respostas podem ser usadas como alvos, mas em geral começamos com a mais forte ("a pior vez"). De toda forma, o terapeuta precisa ter cuidado para não direcionar o paciente. O EMDR é centrado no paciente e é tarefa do terapeuta orientá-lo na escolha e formulação de seu alvo. Diferentemente de outros tipos de terapia, o EMDR não trabalha com pressuposições. O alvo é estabelecido e o paciente é orientado a visualizar o pior ou mais impactante momento da lembrança (a *imagem* ativa a parte da memória mantida no córtex occipital, que controla a visão no cérebro). Pede-se também, ao paciente, se algum som ou cheiro é despertado com a memória visual.

IDENTIFICANDO A COGNIÇÃO NEGATIVA

O passo seguinte é obter a *cognição negativa* associada com a imagem estabelecida. A crença de uma vítima de estupro de que foi culpa dela ou de que está "suja", são bons exemplos, pois ambas são distorções, crenças *irracionais*; a irracionalidade é o pilar da cognição negativa. Essas crenças representam os "sintomas do pensamento" do trauma. "Eu não deveria ter ido caminhar no parque depois da meia-noite", por exemplo, é uma crença *racional* e, portanto, não constitui uma cognição negativa no sentido que usamos o termo.

A arte do terapeuta está em trazer à baila aquilo que o cliente realmente acredita, e não o que ele *pensa* ser uma crença apropriada, e ajudar o cliente a encontrar as melhores palavras para expressar isto. É possível que um terapeuta jamais associe o pensamento negativo do paciente com o alvo, mas se o paciente faz essa associação, então a crença está "correta". Por exemplo, se, em um acidente, o carro do paciente é batido por trás, pode-se esperar que ele dissesse: "Foi por minha culpa que batemos" – ideia irracional, já que foi ele quem sofreu a batida. Mas, se em vez disso, ele disser: "Sou uma pessoa totalmente incompetente", apesar de imprevisível, se constituir a real cognição negativa do paciente, o terapeuta não deve alterá-la.

Ela deve, no entanto, ser liberada, pois esse é o objetivo da terapia com EMDR. O cérebro racional sabe o que é distorcido e o que não é, e o EMDR permite que o paciente perceba a distorção e a substitua com algo mais preciso. "Agora, eu tenho medo quando dirijo" é uma emoção razoável; o paciente não quer sofrer outra batida. Mas, "Estou destinada a sofrer um acidente todas as vezes que eu dirigir" e "Coisas terríveis sempre acontecem comigo" representam sentimentos distorcidos e é o sucesso com EMDR permite que esses sentimentos sejam superados pelo paciente.

O terapeuta precisa ensinar ao cliente o que é uma cognição negativa e então ajudá-lo(a) a encontrá-la. O terapeuta não coloca palavras na boca da cliente, mas ajuda-a a expressar suas convicções e seus pensamentos mais íntimos. O alvo e seus sintomas são entrelaçados neurologicamente, com origem em diversas áreas do cérebro do paciente. O alvo inicial consiste no esforço de "iluminar" a(s) área(s) do cérebro onde a lembrança está "presa". A estimulação bilateral agirá como uma espécie de marca-passo cerebral, ativando e deslocando pensamento. Cientistas sabem por intermédio de escaneamentos cerebrais que depressão, ansiedade, pânico e traumas têm correlação com fluxo de sangue aumentado no lado direito do cérebro. À medida que há cura do trauma e de seus sintomas, como mostram as imagens, a atividade cerebral se torna mais equilibrada nos dois lados do cérebro.

Finalmente, o EMDR normaliza a atividade. Por meio da estimulação bilateral, a lembrança ou a imagem não processada sai do estado de congelamento e deixa de ser uma lembrança traumática (sentida como se tivesse acabado de acontecer, estivesse acontecendo ou prestes à acontecer) e se transforma em uma lembrança do passado. E uma vez liberada, o paciente nunca mais voltará a reativar a mesma imagem ou sua carga emocional.

A CRENÇA NEGATIVA DE TED

Ted, um homem de quarenta anos, entra no meu consultório em um estado depressivo. Vendedor bem-sucedido (nomes e identificação dos pacientes são fictícios), veste-se bem e mantém-se em boa forma. Contudo, não tem conseguido manter seu casamento, e agora vive constantemente ansioso com a ideia de que vai acabar destruindo seu emprego também. Conta-me que é o mais novo de dois filhos e que sempre achou que seus pais tinham preferência pelo seu irmão.

Explico a ele o conceito de alvo e peço-lhe que escolha um.

"Meu irmão costumava me bater o tempo todo.", ele me diz.

Esse é um bom começo, mas preciso de mais informações. "Desde quando?" eu pergunto.

"Desde sempre."

"Quando foi a última vez que isso aconteceu?"

"Há uns vinte anos, antes de ele ir para a faculdade."

"Qual foi a pior vez?"

Ele pausa por alguns instantes.

"Eu tinha quinze, ele dezoito. Ele me bateu com tanta força que quebrou meu dente."

"Você consegue ver essa imagem?"

"Consigo.", ele diz, mas a resposta é desnecessária. Posso perceber que sim, pela forma que seus olhos acendem e a súbita postura defensiva que ele adota.

"Sinto o gosto do sangue e a dor na minha boca também.", ele adiciona.

"Quando você vê essa cena, que pensamento negativo, distorcido, autocrítico e irracional vem à sua mente?". Estou buscando a cognição negativa. "Alguma coisa que você ainda esteja carregando, mesmo que você saiba que não é verdade. E lembre-se: não é o que você pensou na época, é o que vem à tona agora."

Sem hesitar, ele responde: "Sou fraco".

Sua aparência física desmente suas palavras. Poderia contradizê-lo, mas esse seria um erro terapêutico. "Sou fraco" possui implicações psicológicas e físicas. Se ele tivesse dito "Eu *era* fraco", teria sido uma declaração de fato, inapropriado para nosso uso.

"Isso é verdade?", pergunto-lhe para obter maior validação.

Ele reconsidera. "Hum... não."

Sua contradição vem muito rapidamente. Parece que ele pode se aprofundar. "Se não é isso, o que seria melhor, então?"

"Eu sou triste."

Enquanto em alguns casos essa possa ser uma crença distorcida, negativa do interlocutor, no caso do Ted ela era, obviamente, verdadeira. Ele *é* triste.

Pesquiso um pouco mais. "Que faz você ser triste?"

"Ninguém me ama. E eles têm razão. Eu sou desprezível."

Alcançamos a *crença negativa* mais profunda do Ted – e um ponto de interrupção nesta história. É hora de discutir o próximo passo do protocolo.

DESCOBRINDO A CRENÇA POSITIVA

Uma vez determinada a crença negativa, o próximo passo é dar ao cliente um objetivo - alguma coisa positiva, afirmativa.

Essa é uma forma de ativar áreas semânticas na região esquerda do lobo pré-frontal - ou seja, de iluminar uma área otimista do cérebro.

A *crença positiva* não precisa ser o oposto da crença negativa. "Sou forte" não é um antídoto para "Sou fraco", como provavelmente "Sou ótimo" não é correlação positiva direta de "Não valho nada". Uma cognição positiva deve ser uma ideia que o paciente possa perceber como sendo totalmente realista no agora. O cérebro precisa ser capaz de aceitá-la, reconhecer sua veracidade *e acreditar nela*. Para Ted, "Eu posso me cuidar agora" poderia ser uma crença positiva adequada, pois é uma crença ponderada, racional. Porém, mais uma vez, a cognição positiva deve *partir do paciente*; o terapeuta deve evitar impor suas próprias palavras.

USANDO ESCALAS DE MENSURAÇÃO

Chegamos à tarefa terapêutica mais determinante do EMDR. Após identificar as crenças negativa e positiva, devemos determinar de forma tangível a profundidade e força delas. Esse processo avaliativo é feito (sem surpresa!) pelo cliente, mas o terapeuta pode desempenhar um papel direto ao buscar as respostas por meio de escalas.

São usadas duas escalas distintas. A escala de Validade da Cognição – VOC (*Validation of Cognition*), desenvolvida por Francine Shapiro, é aplicada à crença positiva. Para aplicá-la, simplesmente pergunta-se ao paciente "Quão verdadeira sua crença positiva lhe parece agora quando você a associa à memória?". A classificação é feita numericamente, em uma escala de 1 a 7, onde 1 significa "totalmente falso" e 7, "totalmente verdadeiro". Ted classificou sua crença positiva, de que ele conseguiria se cuidar, como sendo dois – quase totalmente falsa.

A outra escala, desenvolvida pelo psicólogo comportamental Joseph Wolpe, é chamada Escala de Unidade Subjetiva de Perturbação – SUDS (*Subjective Unit of Disturbance Scale*). Por ela, pede-se ao paciente que associe a crença negativa à cena do alvo, e que observe quaisquer emoções que possam surgir. O terapeuta não precisa compreender por que determinada imagem e cognição negativa geram tais emoções, nem acreditar que as emoções são apropriadas para o trauma. Mais uma vez, a crença negativa pertence ao cliente e, se ele a sente, então o SUDS é aplicável a ela. As emoções vinculadas à crença podem ser medo, tristeza, inveja, pânico e até mesmo alegria – o que quer que surja espontaneamente.

Ao usar o SUDS, o terapeuta então pergunta: "Em uma escala de zero a dez, quanta perturbação você sente agora, considerando que dez é o máximo de perturbação que você possa imaginar e zero corresponde a nenhuma perturbação?". Sou sempre surpreendido pela velocidade das respostas: "Seis"; "Nove"; "Cinco e meio". As respostas são comumente dadas com expressões e posturas que refletem as emoções; se a emoção for tristeza, muitas vezes a resposta vem com lágrimas.

O objetivo do EMDR é baixar o SUDS até 0 e elevar o VOC até 7. Algumas vezes, até nos casos de trauma severo, isso pode ser alcançado *em uma única sessão*! Por isso a expressão "velocidade máxima" faz parte do título deste livro.

Antes de o terapeuta iniciar a estimulação bilateral, é preciso responder a mais uma pergunta: "Onde no seu corpo você sente essa perturbação agora?". Caso o paciente tenha dificuldade para localizar as sensações, o terapeuta solicita-lhe que faça uma checagem corporal, da cabeça ao dedão do pé. A conexão mente/corpo é comprovada pois as emoções são quase sempre expressas por meio de sensações corporais. Repetindo, não importa se o terapeuta compreende o significado dessa resposta (em certa ocasião, um paciente meu respondeu "acima da minha cabeça"), mas é necessário que o paciente localize fisicamente o que sente, ativando, assim, as emoções mais profundas. Para que o processo de EMDR seja completo, o corpo tem que estar livre de qualquer desconforto.

Pouco antes de iniciar a estimulação esquerda-direita, o terapeuta explica que à medida que o processo tem continuidade, a mente do paciente irá mudar. "Não tente direcioná-la", explica o terapeuta, "apenas deixe-a fluir." Como ensina a Dra. Shapiro, é como olhar pela janela de um trem, vendo aquilo que passa. Você simplesmente observa.

ESTIMULAÇÃO BILATERAL

Três modos são utilizados para ativar a bilateralidade: movimentos oculares alternados, estimulação tátil (toque), e estimulação auditiva (som). Nos movimentos oculares, os olhos geralmente movem-se horizontalmente, da esquerda para a direita, da direita para a esquerda, acompanhando os dedos do terapeuta. Na estimulação tátil, o terapeuta aplica leves toques ou pressão, primeiro em uma das mãos do paciente e depois na outra, seguindo um ritmo constante. Na estimulação auditiva, o paciente usa fones de ouvido e escuta um som que flui, alternadamente, de um ouvido para o outro. Esses são os métodos mais comuns de estimulação bilateral e, apesar de Francine Shapiro ter iniciado com movimentos oculares, e cada pessoa ter uma preferência pessoal, todos são eficazes. (A vantagem do toque e do som, abordagens mais passivas, sobre os movimentos oculares, é que, a não ser que o paciente fique muito abalado, ele pode fechar os olhos e concentrar-se internamente nas imagens). Pessoalmente, já usei as três técnicas, tanto isoladamente quanto de modo combinado, dependendo do que julguei mais adequado. Todas funcionam.

O paciente foi solicitado a deixar o processo fluir. (Em minha primeira sessão, como já comentei, imagens – cenas inteiras – passavam com rapidez em minha mente, algumas acompanhadas por música e letra, uma após a outra). Começa, então, o estágio do processamento de informações do EMDR. Durante séries de estimulação bilateral, sem esforço consciente, a atenção do paciente passa da imagem alvo à cognição negativa, às emoções evocadas e às partes do corpo onde as emoções se alojam, como um todo orgânico. O paciente se volta para dentro, observando sem falar; com frequência chorando ou rindo, invariavelmente profundamente emocionado. Só se conversa com o terapeuta entre as séries, quando a paciente pode relatar uma boa parte ou um pouco sobre sua experiência, como preferir. Movimento e resolução ocorrem internamente, independentes da consciência do terapeuta. O processo pertence ao paciente. Após comentar sua experiência, o paciente é encorajado a continuar, guiado pelo terapeuta com a frase "vamos com isso".

O processo pode durar trinta minutos ou até três horas, dependendo da duração da sessão e da quantidade de conteúdo que surge. Somente quando o paciente parece estar se aproximando do ponto de resolução o terapeuta o traz de volta ao alvo inicial, de modo a avaliar o progresso e o atual nível de perturbação. Isso se faz pedindo ao paciente que traga à mente a imagem inicial, que muitas vezes já está diferente em nitidez ou perspectiva e (mediante o SUDS) solicitando-lhe o nível de perturbação, associando-a à cognição negativa inicial. Quando o número classificatório chegar a 0 ou 1, o processo está finalizado, ou quase. Se o número foi superior, o trabalho de processamento é retomado a partir do atual estado do alvo.

Quando o estresse desaparece, chega a hora de instalar a crença positiva, pois o cérebro está agora pronto pra aceitá-la e fortalecê-la. O VOC é obtido associando a imagem do alvo inicial com a crença positiva. Em geral, a avaliação está mais alta e, por vezes, está perto de ou é um 7. A crença positiva é, então, instalada por meio da mesma estimulação bilateral utilizada até a atual conjuntura, até que seja sentida firmemente como verdadeira.

Dois elementos estão em funcionamento aqui:

• Dessensibilização completa e permanente de uma memória traumática, ou de um sentimento ou crença perturbadora (raro em outras formas de psicoterapia), que elimina o nível de perturbação do alvo original.

• Processamento, ou fortalecimento, da crença positiva, o que significa que a crença negativa distorcida será substituída por outra, realista e positiva (depois desta etapa do trabalho, Ted sentiu que era capaz de lidar com ataques semelhantes àqueles infligidos pelo seu irmão).

Quando o processo se completa, o cérebro descartou a experiência subjetiva e distorcida que havia sobrecarregado e permanecia congelada no paciente, substituindo-a com uma percepção positiva da realidade atual. Tecnicamente, o EMDR promove a interligação de redes neurais discrepantes ou desconectadas, vinculando-as à realidade. Dessa forma, permite-se que informação nova e mais precisa flua através da consciência do paciente por caminhos até então bloqueados.

Assim como o sistema imunológico do corpo, à medida que os empecilhos para a cura são removidos, o sistema neurofisiológico se recupera. Nosso cérebro nos protege, nos mantém equilibrados. O trauma perturba este processo. A ocorrência de *flashback*, reviver a experiência perturbadora, revela a existência de informação não processada e congelada no sistema nervoso. Por intermédio do EMDR é possível alcançar *e reativar* a região (ou regiões) em que o trauma ficou preso. Estimulação bilateral propicia a interligação do trauma alvo às outras partes do cérebro e, dessa forma, libera o trauma. Entretanto, não é a estimulação bilateral sozinha que promove a cura – é o processo como um todo. Nisso consiste o maior milagre do EMDR.

AS CONTÍNUAS CONTRIBUIÇÕES DA DRA. SHAPIRO

Já se passaram quatorze anos desde que Francine Shapiro deu um passeio em volta do lago. Graças inicialmente aos seus ensinamentos, visão e determinação - e à sua habilidade de resistir ao ceticismo das comunidades científicas e acadêmicas - mas graças fundamentalmente à sua eficácia, o EMDR está sendo aplicado no mundo inteiro. Durante os primeiros cinco anos, a Dra. Shapiro conduziu, pessoalmente, todos os treinamentos, tanto nos Estados Unidos quanto em outros países, enfatizando a importância de seguir diligentemente os protocolos e procedimentos. Até o momento, já foram treinados 40 mil terapeutas pelo Instituto EMDR, e novas gerações de profissionais enriquecem o poderoso método com o uso de novas técnicas e aplicações. Eu mesmo introduzi o uso de música bilateral e sons da natureza, que podem ser utilizados de forma contínua no decorrer da sessão no lugar das séries interrompidas de movimentos oculares. Também criei protocolos voltados especificamente para o desempenho, a criatividade e arte dramática. Algumas pessoas vêem minhas iniciativas como heresias, outras, como inspirarcão.

Descobrir e desenvolver um método de tratamento que está revolucionando a área de saúde mental no mundo todo não foi o suficiente para Francine Shapiro. Verdadeira visionária, logo percebeu que a força do EMDR para a rápida cura do trauma possuía implicações humanitárias. Observou como o ciclo de violência pode transformar as vítimas de hoje nos agressores de amanhã – e que a cura poderia romper esse ciclo. Reconheceu que, por razões econômicas e sociais, quem mais precisava desta ajuda tendia a ser quem a recebia por último.

Com o auxílio de outros pioneiros do EMDR, desenvolveu o Programa de Assistência Humanitária com EMDR

(*Humanitarian Assistance Program – HAP*), que proporcionou treinamento e tratamento gratuito em locais submetidos a desastres (na cidade de Oklahoma após o bombardeio do prédio federal, e em Homestead, na Flórida, depois do furacão Andrew) e em regiões de sofrimento ao redor do mundo (Bósnia, Rwanda, América Central e do Sul). Também promoveu cura no Vietnã e a outros veteranos de combate.

A inspiração e monitoramento da Dra. Shapiro levaram-me a organizar treinamentos humanitários na Irlanda do Norte, bem como em Bedford-Stuyvesant, comunidade urbana do Brooklyn. Todas estas foram experiências de impacto para mim que, ao mesmo tempo recebendo e proporcionando terapia com EMDR, ampliaram minha visão e alteraram o curso da minha vida de maneira que jamais poderia ter imaginado.

O EMDR me ajudou. Com o EMDR, posso ajudar as pessoas. E, desde o início, a descoberta de Francine Shapiro convenceu-me de que "milagres" são possíveis.

CAPÍTULO 3 – Meu Aprendizado

No começo, a transição para tornar-me praticante do EMDR não foi exatamente suave. Um final de semana de treinamento intensivo me proporcionou um alucinante encontro pessoal com o EMDR, mas não me preparou totalmente para utilizá-lo. No primeiro dia depois daquele final de semana, voltei para o meu consultório curioso para testar a nova metodologia com meus pacientes. Conhecia o protocolo, vivenciei os resultados. Agora era hora de colocar o método em prática.

FELIPE: O ADVOGADO

Eu tinha oito pacientes marcados para aquele dia e decidi usar EMDR com três deles, cujo progresso parecia-me estar bloqueado por algum trauma. O primeiro, Felipe, homem de uns quarenta anos, era advogado, associado de um escritório de advocacia, com quem eu vinha trabalhando por um ano e meio. Bem educado, meio obsessivo, necessitava de constantes elogios e encorajamento, e tinha tendência a ter ataques de ansiedade e depressão, especialmente quando recebia críticas. Mediante uso de medicação e de terapia, estava fazendo progresso; conseguia, agora, compreender que por trás de seus medos e passividade, havia um pai autoritário e dominador. Entretanto, sua depressão mantinha-se em estado leve e a perspectiva de confronto ainda o transtornava.

Expliquei-lhe que tinha aprendido uma nova técnica terapêutica e perguntei-lhe se gostaria de experimentá-la. Concordou tão prontamente que me preocupou a possibilidade de ele estar ignorando alguma objeção interna. Considerando que eu estava embarcando em algo totalmente novo, segui as instruções de Francine Shapiro palavra por palavra. Perguntei-lhe qual lembrança ele gostaria de usar como alvo.

"Um encontro que ocorreu na semana passada com um dos sócios", respondeu. "Ele queria que eu aumentasse a conta de um cliente e, quando me recusei, avançou sobre mim como a ira de Deus. Claro que o que ele queria era ilegal, mas isso não lhe importava. Acusou-me de não saber trabalhar em equipe." Felipe pausou, sua respiração acelerada e seu rosto vermelho como um pimentão. "Mesmo que eu discorde apenas levemente dele, parte para cima de mim. Fala que eu não tenho o que é preciso, que eu não deveria ter me tornado advogado para começo de conversa, e que nunca serei sócio-dirigente. E isso não é justo. *Simplesmente não é justo!*" Ele abaixou a cabeça; não conseguiu prosseguir.

"Você consegue ouvir a voz dele agora?"

"E como!"

"Qual é a crença negativa que acompanha essa cena e o som da voz dele?"

Sua resposta foi imediata:

"É verdade. Sou incompetente."

"Que emoções estão ligadas à cena e à crença negativa?"

"Ansiedade, culpa, vergonha."

"Onde você sente isso em seu corpo?"

"Meu estômago está embrulhado."

Com Felipe totalmente ativado, comecei a mover minha mão – vinte e quatro movimentos para a direita e para a esquerda, procedimento básico que Francine recomendou. Sua mente começou a se acelerar. Lembrou-se de outros incidentes em que fora intimidado por seus sócios e, depois, de ocasiões em que fora verbalmente agredido por seu pai. Enquanto continuávamos, percebi que eu estava cometendo alguns erros técnicos, mas não interrompi – as cenas vinham com muita velocidade para pararmos. Quando ele finalmente ficou em silêncio, levei-o de volta à cena original.

"Sumiu," ele disse.

Apesar de tudo o que eu aprendera no dia anterior, estava descrente.

"Sumiu?"

"Sim. Não consigo trazê-la de volta."

"E a crença negativa?"

"Simplesmente não faz mais sentido agora. Eu não sou incompetente. Sou um dos melhores advogados do escritório!"

Ele balançou a cabeça, surpreso com suas próprias palavras.

"E como está o seu corpo?"

"Relaxado."

"Seu estômago?"

"Em paz."

Assim que ele foi embora, repassei mentalmente o que tinha acontecido ali. De uma coisa, estava certo: não havia nenhuma semelhança disso com qualquer outra coisa que eu tinha feito como terapeuta. A velocidade com que Felipe mudou e o grau de sua transformação deixou-me estupefato. Tinha acesso a um novo e poderoso sistema, e seus efeitos pareciam bons demais para ser verdade.

POLLY: A ALUNA

Os resultados com minha segunda paciente, apesar de não terem sido tão espetaculares, aumentaram meu espanto. Polly era uma estudante universitária de vinte e dois anos de idade e tinha um rosto redondo e agradável, cabelos escuros, e olhos que pareciam olhar o mundo com admiração permanente. Estava envolvida em um relacionamento autodestrutivo com um rapaz – o que, para ela, era uma situação bastante familiar. Durante os poucos meses em que estava comigo, classificou-se como sendo "masoquista de carteirinha", já que não conseguia libertar-se do homem que, com certeza, lhe era infiel.

Escolheu uma lembrança recente e a cena lhe veio em um instante. Estava ao telefone com o namorado, tendo aguardado por essa ligação o dia inteiro, e agora ele dizia que "algo surgiu" e que não poderia vê-la. Certamente era porque estava saindo com outra mulher e, quando desligou, sentia-se terrivelmente envergonhada e humilhada.

"Qual a crença negativa que você associa a essa cena?"

"Não mereço nada de bom."

"Suas emoções?"

"Culpa, vergonha."

"Nível de perturbação?"

"Dez."

"O que você sente no seu corpo?"

"Uma sensação de buraco no estômago."

Novamente, utilizei o número de movimentos oculares recomendado, mas senti-me como um malabarista que se acostumou a manter três bolas no ar e, de repente, precisa controlar oito. Cenas, ativadas pelo EMDR, passavam pela mente de Polly. Uma amiga implicando, na idade de sete anos. Seu irmão mais velho brincando de médico com ela, aos dez anos. Ela nem conseguia relatar tudo o que se passava em sua mente. Na terapia anterior, teríamos selecionado apenas uma das lembranças para trabalhar e não aquele tanto. Eu não quis interromper o fluxo de cenas. Era a primeira experiência dela e a minha segunda, e ambos estávamos meio transtornados com a velocidade do processo. Apesar de tudo, quando voltamos para a cena inicial, informou-me que havia perdido a nitidez; que sua crença negativa parecia "desconectada" da cena, menos dolorida e mais moderada, e que seu corpo parecia estar relaxado.

Quando Polly saiu, fiquei novamente transtornado. A cena apresentada por Felipe desapareceu, a dela perdeu a nitidez. Não obstante, a ideia de que eu podia resolver uma lembrança dolorosa a ponto de eliminar a dor em tão curto espaço de tempo era tão estranha para mim quanto uma viagem intergaláctica.

MAGGIE: A ATRIZ

Talvez, como resposta à minha confusão, esperei pela última paciente do dia para aplicar o EMDR outra vez. Maggie, aos trinta anos de idade, era atriz eloquente, hábil em aparentar que tudo estava bem; trabalhava com vendas para sustentar a si mesma e à sua carreira de atriz. Apesar de seus dons criativos e de sua excepcional habilidade em desempenhar qualquer papel, havia prejudicado seus próprios esforços para obter sucesso no teatro; seu rosto corajoso escondia uma história de decepções. Da mesma forma que Polly, Maggie sofrera uma série de relacionamentos destrutivos e, embora estivéssemos trabalhando juntos há cinco anos, resultados tangíveis eram raros. Maggie se escondia por detrás de uma armadura de proteção (que os terapeutas vêem como poderosa defesa narcisista), e até eu me perguntava por que ela continuava comparecendo ao tratamento. Se não fosse por sua perseverança e minha própria teimosia, no sentido de não desistir de uma pessoa – odeio virar as costas para alguém que está tentando – eu poderia ter cogitado a possibilidade de encaminhá-la a outro terapeuta. Mas percebi que existia um profundo ferimento abaixo da superfície. Seu pai abusara fisicamente dela quando criança, sua mãe estava frequentemente doente e inacessível, e Maggie sofria de depressão e ataques de pânico. Sabendo disso, não poderia dar-lhe as costas.

Mas mesmo depois de cinco anos, encontrava-me incapaz de calcular a extensão do trauma que a afligia.

Hoje Maggie parecia estar mais nervosa do que de costume (*Será que captara minha insegurança?*). Ao concordar em experimentar a nova técnica terapêutica, sua voz estava constrita e, quando iniciei as perguntas, olhava-me quase que em desafio.

A cena alvo que lhe ocorreu foi a de sua irmã mais velha (tinha três irmãs, ao todo) empurrando-a sobre a cama e não a deixando se levantar.

"Qual a crença negativa?"

"Estou impotente", disse com a voz de uma menininha. "*Sou* totalmente impotente."

A afirmação "Sou impotente" é diferente da mais comum "Não tenho valor", revelando não uma autocrítica, mas uma perda de controle. Foi a primeira vez em todos aqueles anos que fiz contato com a verdadeira Maggie, a Maggie interior. Nem havíamos iniciado os movimentos oculares e ela já estava emergindo. Disse-me que pânico estava surgindo em seu peito.

"Em uma escala de 0 a 10, qual seu grau de perturbação?"

"Nove", disse ela, se bem que, considerando o sinal de terror em seus olhos, eu diria que o índice ultrapassava a escala.

Então começamos. Ela passou rapidamente pelas lembranças de sua impotência, com seus pais, no palco, com suas irmãs; havia muitas cenas de agressão verbal e física na infância. Sua mente funcionava em velocidade máxima, até que tudo se acalmou. Levei-a de volta à cena inicial. O tempo que se passou não podia ser de mais de dez minutos.

"Desapareceu", disse ela.

É impossível, não tão rapidamente, pensei, mas limitei-me a perguntar-lhe o grau de perturbação.

"Zero", informou casualmente.

Não pode ser! Cutuquei e sondei, convencido de que seus sintomas estavam brincando de esconde-esconde, procurando fazer sentido do que parecia ser um milagre terapêutico (Cinco anos engatinhando e, agora, depois de dez minutos de EMDR, uma vitória!).

Perguntei-lhe novamente sobre as irmãs e sobre a cena na cama. Desta vez não havia nem defesa, nem vulnerabilidade infantil. Ela estava presente e composta; conversamos como se estivéssemos discutindo o tempo.

Eu estava literalmente desnorteado. Não conseguia pensar racionalmente. Meu cérebro se prendeu à única explicação possível.

Os três pacientes armaram pra cima de mim! Eles combinaram tudo por telefone antes de virem para cá!

Essa ideia era absurda, mas por um pequeno espaço de tempo, não consegui me livrar dela. Os pacientes, obviamente, nem se conheciam e, mesmo que se conhecessem, não teriam preparado tamanha armação. Não, eu estava recebendo uma dose maciça da força do EMDR.

Quando Maggie retornou na semana seguinte, não mencionou nada do que se passara, embora sua ansiedade tivesse desaparecido. Tivemos uma sessão terapêutica rica e profunda. Eu estava me coçando para perguntar-lhe sobre a sessão anterior e, por fim, não me contive. Sua resposta mostrou-me que, se por um lado a mudança que ocorrera nela foi intensa, por outro – como uma ferida cicatrizada que não provoca mais dor – era difícil reconhecer a transformação.

"Você gostaria de fazer mais EMDR?", sugeri.

Olhou para mim meio surpresa e, balançando a mão de um lado para outro, disse: "Ah! Aquela bobagem?".

Você deve pensar que depois dos resultados milagrosos que obtive no primeiro dia, passei a usar a técnica o tempo todo, mas uma série de fatores não me permitiu. Não conseguia, ainda, explicar a força do EMDR, o que me acarretava ansiedade e confusão. Os pacientes minimizavam o impacto do EMDR. E, além de Uri, não tinha nenhum colega com quem discutir meus casos – nem a teoria, nem a técnica. Sob essas circunstâncias, vacilei. Nas ocasiões em que eu usava o EMDR, acabava alterando o protocolo, desconfiado dos resultados. É uma ferramenta terapêutica valiosa, concluí, mas muito estranha para mim e diferente de tudo aquilo que já tinha aprendido.

Após seis meses, fiz o treinamento do Nível II, mas nem isso foi suficiente para me impulsionar a um compromisso total, a usar o EMDR de modo consistente. Por ironia, apesar das mudanças dramáticas experimentadas pelos meus pacientes, poucos pediam para tornar a fazer EMDR. Captavam minha insegurança e não compreendiam a natureza e o significado de suas próprias transformações orgânicas. Apesar de estar à beira de abandonar o EMDR, de alguma forma perseverei, mesmo que capengando.

Felizmente, meu bom amigo Uri acompanhado por outro amigo e colega terapeuta de Long Island, Mark Dworkin, comunicou-me que estariam viajando para Los Angeles e participariam do treinamento para tornarem-se facilitadores em EMDR – aqueles que ensinam o método nas sessões práticas dos treinamentos. Perguntaram se eu gostaria de acompanhá-los, e eu hesitei. *Por que eu deveria aprender a ensinar o método para outros, se não estou seguro dele para o meu próprio uso?* eu pensei. "Esta é sua última chance. Estão encerrando a lista de inscrições para facilitadores em Nova York.", Mark informou. Resolvi ir. Boa escolha.

Assim, em Janeiro de 1995, dezoito meses depois do treinamento no Nível I, voei para Los Angeles com Uri e Mark para o treinamento de facilitadores. Na noite anterior ao início do curso, comportamo-nos como adolescentes no quarto do hotel, descarregando as tensões com brincadeiras físicas e humor de mau gosto.

Às vésperas de tornar-me facilitador, lembrei-me de como minha primeira experiência tinha sido impressionante e senti o peso da enorme responsabilidade de assumir o papel de professor. No treinamento em Los Angeles, havia vários facilitadores que atuariam como nossos professores, supervisionariam nosso trabalho e nos deixariam aplicar o EMDR neles para observar nossas habilidades. Eram todos de excelente nível.

Francine Shapiro também estava lá.

Nos meus treinamentos iniciais, admirei seu brilho, sua capacidade de comunicar com clareza e o tom inspirador de suas afirmações. Na época, o método era total novidade para mim e, embora estivesse pasmo com minha própria reação a ele, somente consegui incorporar algumas partes de tudo o que ela havia falado.

Desta vez era diferente. Desta vez eu realmente compreendi. Durante as palestras, era como se suas palavras fossem diretamente para o meu cérebro. O que entendi agora foi o que Francine descobriu durante sua caminhada perto do lago: os componentes básicos da terapia, como se encaixavam e como funcionavam. Assimilei a profunda simplicidade que contribuiu para essa imensa transformação em nossa compreensão da mente humana e a cura de seus traumas.

Essa compreensão seria aprofundada e aumentada no decorrer dos anos seguintes, permitindo que eu contribuísse com minhas próprias interpretações e técnicas para aquilo que Francine tinha iniciado. Não obstante, naquela sessão em Los Angeles, senti-me inspirado. A força do EMDR não parecia mais um mistério (e, certamente, não intimidante), mas sim uma ferramenta terapêutica muito mais potente do que qualquer outra que eu tenha conhecido. E eu alcancei nova confiança na minha habilidade para dominá-la.

De volta pra casa, comecei a utilizar o EMDR com todos os meus pacientes novos e integrei-o, gradualmente, ao tratamento dos pacientes antigos. Dois meses após a viagem para Los Angeles, fui facilitador em um treinamento de Nível II com a Dra. Shapiro e meu nível de conhecimento simplesmente disparou às alturas. Reconheci que não precisava descartar as teorias e técnicas que utilizava há anos. Podia integrar o EMDR a uma abordagem terapêutica psicodinâmica. Fui inspirado pela Dra. Shapiro e, não apenas com suas ideias, mas com sua habilidade de integrar sabedoria preexistente e criar algo novo.

RALPH: O PINTOR

Depois de algumas semanas, tratei meu primeiro caso de trauma leve. Ralph era um homem de trinta e seis anos, corpulento, de fala mansa, olhos azuis e cabelo loiro. Pintor de casas, estava trabalhando no porão de uma casa do subúrbio quando um fio elétrico descascado ateou fogo a umas latas de terebintina. As chamas consumiram o aposento em poucos segundos. Por sorte, ele estava próximo à única janela, razão pela qual conseguiu se arrastar para fora e se salvar.

Entretanto, ficou muito queimado, respirou fumaça e precisou ser levado às pressas para o hospital mais perto. Como se o trauma do fogo em si não fosse suficiente, ficou horas no hospital sem atendimento, sentindo dores terríveis, vivendo seus piores temores de impotência e abandono. Para ele, a injustiça da situação era tão traumática quanto o incêndio.

Dois anos depois, Ralph ainda mal conseguia dormir ou trabalhar. Seus sintomas incluíam estresse agudo e crônico, *flashbacks*, pesadelos, hipervigilância e irritabilidade – o coquetel completo do transtorno de estresse pós-traumático (TEPT). Quando o médico o encaminhou para mim, Ralph não tinha mais esperanças de recuperar-se emocionalmente.

Sua cena alvo foi a visão, os sons e o cheiro da explosão, e da bola de fogo. "Estou morto", murmurou. O terror que sentiu em seu corpo estava além da escala.

O trabalho com EMDR levou-o através de uma série de memórias sensoriais, como ele relatou posteriormente. Ele viu o clarão do início do incêndio, ouviu o crepitar do fogo, inalou o cheiro causticante, sentiu o calor intenso e, também, o impacto ao ser derrubado pela explosão, viu-se arrastar pela janela, viu a ambulância chegar, e sentiu a dor de quando foi colocado na maca; depois, viu, ouviu e sentiu o cheiro da sala de emergência, e da unidade para queimados onde foi obrigado a ficar. Ele não estava só se lembrando do trauma, ele o *revivia*. Cenas da sala de emergência também fizeram surgir uma série de lembranças de sua infância, de situações em que ficara sem cuidados.

Quando finalmente as últimas cenas, cheiros e sons pararam de surgir, pedi que voltasse à cena alvo inicial para ver o que ocorria. Nada! O bombardeamento sensorial cessara. Sua mente avançava para o momento em que fugia do porão em chamas e, desta vez, sentiu alívio. "Tenho sorte de estar vivo", declarou. Os sentimentos perturbadores e as cognições negativas desapareceram; mas, se não fosse pelo EMDR, provavelmente o perseguiriam pelo restante de sua vida.

Como muitos de meus pacientes, Ralph foi embora meio inseguro quanto ao que tinha acontecido, desconfiado de que a suspensão de sua pena não duraria. Marcamos uma sessão para a semana seguinte e, ao chegar, relatou que dormiu profundamente pela primeira vez desde o incêndio; que não sentiu medo (nem quando foi ao porão da casa de um amigo só para ver o que aconteceria – e nada aconteceu); e que seu humor estava mais leve do que estivera nos últimos dois anos.

Tivemos mais algumas sessões usando o EMDR para ajudá-lo a ajustar-se à abrupta perda dos sintomas e a dar seguimento à sua vida. Mas não foi necessário qualquer trabalho subsequente para aliviar eventuais resíduos do trauma. Estava, agora, no passado. Ele estava livre.

A primeira sessão com Ralph durou uma hora e meia. Durante o transcorrer dela, senti-me competente, seguro e confiante no uso da técnica maravilhosa que tive o privilégio de aprender. A experiência traumática dele não foi a mais séria que tive acesso – longe disso. Nos meses e anos seguintes, pessoas devastadas por incidentes traumáticos eram encaminhadas ao meu consultório na esperança de serem curadas. Por incrível que pareça muitas delas eram maquinistas de trem.

PARTE II

TORNANDO POSSÍVEL O IMPOSSÍVEL:
CURANDO TRAUMA COM EMDR

CAPÍTULO 4 - Contos da Ferrovia

Quando criança, eu era fascinado por carros e trens. Com três anos, eu já identificava a marca da maioria dos carros pelo emblema nas calotas. Uma das grandes emoções na minha infância era sentar em um carro no cruzamento de ferrovias, ou ficar ao lado dos trilhos esperando os trens de carga passar. Primeiro acenava para o maquinista, depois contava os vagões e lia os nomes exóticos estampados nas laterais: Reading, Chesapeake & Ohio, Rock Island, Burlington – e assim por diante até que o último vagão passasse. Em minhas fantasias eu estava no vagão principal com o maquinista, percorrendo lugares distantes.

Era sempre um prazer especial viajar de trem com minha família pela Europa (e era especialmente fascinante subir em ângulos de quase quarenta e cinco graus em ferrovias dos Alpes Suíços e Italianos) e no Colorado, onde, do Royal Gorge eu observava o céu e a vista através do telhado do vagão panorâmico enquanto chacoalhávamos para lugares desconhecidos.

Posteriormente, anestesiado pelo tédio da escola hebraica em Forest Hills, Queens, eu olhava pela janela para ver passar os trens na estrada de ferro de Long Island (*LIRR – Long Island Rail Road*), contando os vagões para me distrair. Os trens propiciavam fantasias de libertação das restrições e frustrações do meu dia-a-dia.

Somente mais tarde, como um terapeuta de traumas, pude compreender que a vida de um maquinista ferroviário é repleta de perigos. Um trem é uma arma poderosa; varre um espaço indiscriminado de tudo que estiver à sua frente. Todavia, não escolhe suas vítimas. Cada vez mais, pessoas desesperadas enxergam os trens como forma de acabar com suas próprias vidas. Por ironia, muitos dos suicídios que envolveram maquinistas os quais tratei mais tarde na vida, ocorreram na mesma linha férrea que passava perto da escola hebraica. Como adulto e terapeuta, as fantasias de tornar-me um maquinista haviam há muito tempo sido esquecidas. Mas com o EMDR, fiquei intimamente envolvido com os mesmos maquinistas que respondiam aos meus acenos na minha juventude, curando seus traumas ocupacionais e restaurando suas esperanças e seus sonhos.

TRAUMAS DE MAQUINISTAS

Quando alguém decide se tornar maquinista ferroviário, ele – ou, ultimamente, cada vez mais, ela – não espera que mortes violentas façam parte do seu trabalho. Policiais, bombeiros ou funcionários de UTI móvel esperam deparar-se com a morte ou com ferimentos graves, e quando isso acontece ficam abalados, mas não surpresos. Maquinistas compreendem e aceitam a responsabilidade e o estresse decorrente do seu trabalho, mas não prevêem ficar cara a cara com a morte no desempenho de suas atividades.

Como um maquinista, seu trabalho é dirigir um trem, transportando passageiros ou carga de um lugar para outro. Você é responsável pelo conforto dos passageiros e pela pontualidade do trem – você está no comando. Ter alguém suicida, ou bêbado, ou psicótico, ou fatalmente descuidado de repente materializar-se à frente da sua máquina em alta velocidade e literalmente explodir diante de seus olhos é um pesadelo do qual nunca se acorda.

Imagine-se como um executivo tranquilamente redigindo um relatório na mesa de seu escritório, quando, subitamente e sem aviso, um homem aparece à sua frente, tendo se esquivado dos seguranças do prédio e da secretária e joga-se de cabeça sobre sua mesa, morrendo instantaneamente e espalhando pedaços de cérebro e sangue pelo escritório inteiro. É verdade que o maquinista poderia estar um pouco mais bem preparado que você, já que mais de cinquenta por cento de todos os maquinistas estão sujeitos a envolvimento involuntário em algum tipo de acidente. Bob Franke, a quem você conhecerá em breve, conduziu um trabalho pioneiro com a empresa LIRR, no sentido de alertar seus colegas de profissão sobre os perigos, mas, com toda certeza, a surpresa do maquinista seria tão grande quanto a sua. Até cinco anos atrás, o único recurso do maquinista seria a tradicional grande noite em um bar local e os bem-intencionados conselhos oferecidos por seus colegas, todos membros de uma formidável fraternidade, com o objetivo de "tirar isso da cabeça".

Hoje ele pode recorrer ao EMDR.

EMDR CURA UM MAQUINISTA

No dia 21 de Maio de 1995, o jornal *Newsday* de Long Island, contou a história de um maquinista da LIRR chamado Bob Franke, que percebeu a presença de uma mulher grávida perto dos trilhos, não muito longe da estação de Patchogue. O artigo citava as palavras de Bob: "Ela vinha na minha direção. Parecia triste. Parecia estar carregando o peso do mundo sobre os ombros... Ela virou na direção dos trilhos, acelerou um pouco. Comecei a gritar: 'Não faça isso! Não faça isso! '".

Mas ela fez – ela se jogou na frente do trem. Pouco antes das 13h do dia 29 de Março, a mulher de 38 anos pôs fim à sua vida. E Bob Franke até hoje luta para lidar com uma das coisas que os maquinistas mais temem... Nos 27 anos no controle da máquina, a mulher em Patchogue foi a sexta pessoa a morrer após choque com um dos trens que dirigia... "Ainda posso ver onde a mulher estava parada", disse ele. "Ainda posso ouvir o barulho dela rolando para debaixo do trem."

Nessa época, vinha usando o EMDR com pacientes por dois anos. Nunca tinha trabalhado com um maquinista, nem com um caso envolvendo seis traumas leves. Enquanto lia a reportagem, no entanto, pensei comigo mesmo, *Aposto que posso ajudá-lo*. O artigo referia-se ao transtorno de estresse pós-traumático. Eu já o encontrara em muitos de meus pacientes; tinha certeza de que o EMDR que havia funcionado para eles, funcionaria também para Bob Franke.

Considerando questões de confiança e adequação, hesitei em abordá-lo diretamente. Liguei, portanto, para o diretor de aconselhamento do programa de assistência ao empregado da LIRR e perguntei se ele poderia entrar em contato com Bob para mim. O programa existia há vários anos e cada vez atendia mais maquinistas envolvidos em fatalidades. Aproximadamente vinte pessoas por ano cometiam suicídio jogando-se na frente dos trens da LIRR – isso para não mencionar as mortes acidentais ou os ferimentos provocados por carros que ficam presos nas intercessões dos trilhos ou por crianças brincando neles. O diretor me contou que já tinha ouvido falar do EMDR e que achava que já tivesse sido utilizado em alguns casos esporadicamente, mas não conhecia os resultados. Ficaria feliz em encaminhar Bob para mim. Se o maquinista concordasse, eu poderia vê-lo.

Bob concordou.

Marcamos a entrevista para o domingo seguinte, pois eu queria ter o tempo que fosse preciso para lidar com qualquer coisa que surgisse. No entanto, antes da consulta, dediquei-me a algumas pesquisas e a consideráveis reflexões.

Os trens ferroviários datam do início de 1800 e, desde então, pessoas têm morrido atropeladas por eles. Um maquinista fica sentado à frente de milhares de toneladas de aço, viajando, em geral, a mais de cento e vinte quilômetros por hora. A diferença entre um motorista de carro e um maquinista de trem é que este não pode desviar para evitar uma colisão, nem usar os freios com velocidade suficiente para impedir o impacto. Em vez disso, ao identificar o perigo, o maquinista toca a buzina e então "derruba" o trem, tirando as mãos do acelerador, o que automaticamente aciona os freios de emergência. À velocidade de cruzeiro, são precisos, em geral, quatrocentos metros para o trem conseguir parar. Até lá já é tarde demais, principalmente se os trilhos forem curvos, o tempo estiver ruim ou a vítima saltar repentinamente sobre os trilhos, *desejando* ser atropelada. Ainda que o trem não consiga parar prontamente é comum os maquinistas irracionalmente culparem a si mesmos por não ter reagido a tempo, por não ter agido antes, por ter reflexos muito lentos ou visão ruim. Essa é uma cognição negativa, distorcida, mas nenhum dos maquinistas com quem trabalhei está inicialmente livre dela. Ao contrário de um motorista de automóvel, que pode escolher um caminho distinto, o maquinista revisita o local do acidente diariamente. Dirigir aquele trem é o *trabalho* do maquinista.

Eu sabia que o caso do Bob seria o mais desafiador entre todos os que havia me deparado até então. Não só devido ao *número* de traumas, mas porque os incidentes abrangiam um longo período de tempo.

Mas se eu estava entrando em território desconhecido, pelo menos havia desenvolvido habilidades suficientes para ajudar-me na navegação. Tudo o que Bob tinha eram lembranças, dor, e o desejo de se curar.

Quando cheguei ao consultório naquele domingo, Bob já estava esperando, sentado dentro do carro estacionado. Era um homem grande e robusto, com quase sessenta anos, com cabelo marrom avermelhado e um bigode cerrado que me lembrava o ator Wilford Brimley, de um comercial famoso de cereal. Usava calça *jeans* e camisa de flanela por cima da camise do uniforme e, mesmo que estivesse visivelmente desconcertado, havia um brilho em seus olhos quando nos cumprimentamos. Sua voz era rouca, e falava com uma intensidade constrangedora, até meio intimidadora. Com o tempo, descobri que sua aparência rude encobria um coração que seus colegas descreviam, com grande admiração, "de mingau".

Observamo-nos cuidadosamente. Bob estava desconfiado de mim. Suponho que em sua mente, eu era da elite – instruído (falso), rico (falso) e incapaz de me relacionar com ele ou compreender seus sentimentos (falso). "No início, pensei que você era o tipo de cara para quem eu poderia vir a trabalhar", confidenciou-me alguns meses depois da sessão. "Achei que você não se importava." Contudo, de cara, anunciou que, embora eu não fosse cobrar, "não existe isso de cafezinho grátis". Logo descobri que maquinistas pertencem a uma raça única, orgulhosa de sua profissão e de sua herança, com linguagem própria e camaradagem especial – Casey Jones não os romantizou. Bob era fiel ao padrão.

Para começar, pedi ao Bob que me contasse a sequência cronológica dos traumas e, em seguida, colhi, da forma mais completa possível, sua história pessoal. Era o filho mais velho de sete e, ainda menino, tomava conta de seus irmãos, papel que apreciava e transportara para seu convívio com os colegas maquinistas – seus "irmãos".

"Eles me procuram para conselhos", disse – afirmando um fato, não se gabando. Como todos os maquinistas iniciantes que vivenciam um acidente fatal com seus trens, ele foi introduzido na fraternidade por "mediação", ritual parecido com o "ensaio do coral" da polícia, no qual o sujeito é levado para beber e esquecer. Bob, no entanto, parara de beber muito antes do primeiro dos seis acidentes que o levaram até mim. Perguntei-lhe sobre os sintomas.

Contou-me que sofria de terríveis *flashbacks* nos quais enxergava cada detalhe do acidente com a mesma nitidez de quando acontecera. Tinha receio de dormir, com medo dos pesadelos, e sofria de ansiedade frequente e ataques de pânico.

Talvez o pior de tudo fosse a sensação de que a qualquer momento sofreria outro acidente. Estava com medo de fazer o trabalho no qual era perito e cogitava a possibilidade de parar de vez e procurar um trabalho "menos perigoso", talvez como açougueiro, sua profissão anterior.

Todos os sintomas correspondiam aos do transtorno de estresse pós-traumático (alguns outros são retraumatização, hipervigilância, irritabilidade, alienação e pouca concentração), os quais eu já conhecia bem. Também sabia que o TEPT pode ser resolvido com o EMDR. Mas será que poderia curar um homem que havia sofrido tantos traumas e sido obrigado, em virtude de sua profissão, a revisitar aqueles lugares quase todos os dias?

"Minha esposa quer saber se você vai me transformar em um novo homem", brincou, em parte para testar minha reação, mas também para disfarçar seu nervosismo quanto ao tratamento desconhecido que estava por vir.

"Quem sabe? Pode ser que eu lhe devolva o antigo," respondi, "aquele de antes dos acidentes, só que, agora, mais velho e mais sábio.".

Meu consultório possui um sofá, três cadeiras e uma escrivaninha com objetos que meus pacientes me presenteiam, como peso para papel e fotos. Sentamo-nos de frente um para o outro na frente da escrivaninha. "O que você quer abordar primeiro? O incidente mais recente, o primeiro deles ou o pior?"

"O mais recente", ele decidiu, e passou a descrevê-lo.

"Havia um adolescente – depois soubemos que ele tinha retardo mental – parado sobre os trilhos. Ou ele não ouviu o trem se aproximando, ou não se importou. Estava de costas para o trem. O trem bateu nele e ele desapareceu, voou para algum lugar. Tudo o que eu sabia é que tinha batido nele, mas não sabia se ele estava vivo, nem onde tinha caído. Parei o trem – pareceu uma eternidade – e, apesar de as regras da ferrovia ditarem que não era necessário, saltei do trem e fui procurar o rapaz na mata que envolvia os trilhos. Quem não o faria? Eu queria saber se poderia fazer alguma coisa. Qualquer coisa."

"O cobrador estava comigo e logo encontramos o rapaz, a uns dez metros mata adentro. Inacreditavelmente estava ainda vivo, mas sangrava muito, como se tivesse mais sangue dentro dele do que o corpo conseguia conter. Metade de suas nádegas tinha sido arrancada. Eu sabia que ele estava vivo, apesar de não estar gritando nem nada – devia estar em estado de choque. De qualquer modo, corri de volta ao trem para pedir ajuda e pegar um cobertor, e o cobrimos e ficamos esperando os paramédicos. Eles chegaram rapidamente, o que provavelmente salvou a vida do rapaz."

Ele pausou, mas só por um instante. "E depois... depois... Os policiais chegaram e fizeram o seu trabalho, que é fazer um monte de perguntas e fazer-me contar a história do início ao fim inúmeras vezes. O pior de tudo era que tive de reviver tudo logo de cara, relembrando os detalhes enquanto ainda estava totalmente aturdido, incapaz de lidar com nada. Eu só queria ir para casa, mas até isso era difícil." Bob contou sua história de forma reticente, porém com enorme intensidade e paixão.

Era hora de preparar o protocolo:

"Qual é a pior cena que acompanha você desta experiência?"

"O menino em pé nos trilhos de costas para mim", respondeu sem hesitar.

"Tem algum som ou cheiro associado?"

"Sim, o barulho de quando ele bateu no trem."

"Qual é a crença negativa que você tem sobre você mesmo com relação ao acidente?"

Ele olhou diretamente para mim e afirmou com enorme seriedade:

"Eu sou uma pessoa terrível. Sou culpado."

Independentemente de toda evidência em contrário, Bob conservara a ideia irracional de que era responsável pelo atropelamento do rapaz com o trem. Na verdade, a crença "Sou um assassino" o perseguia desde o primeiro acidente fatal, sendo apenas reforçada a cada acidente subsequente. Com o passar dos anos, o peso decorrente da autorrecriminação tinha se tornado insuportável.

Medimos o nível do SUDS: como era de se esperar, 10. Onde sentia isso no corpo? "Por tudo." Naquela época, eu usava como estimulação bilateral, uma barra de luz (na qual as luzes acendem e apagam sequencialmente, indo da esquerda para a direita e de volta para a esquerda) ao invés do som, que tenho preferido usar ultimamente. Bob fixou os olhos nas luzes como se quisesse derretê-las com a visão.

A recenticidade do trauma determina a velocidade em que irá passar pela mente do paciente. Quando o EMDR é usado logo após o evento, o paciente o vê quase quadro a quadro, como se estivesse olhando para um negativo de filme contra a luz. O incidente relatado por Bob ocorrera há somente dois meses e, à medida que era reprocessado, as cenas passavam sequencialmente em sua memória. As imagens começaram a ser integradas, tornando as lembranças menos intensas, apesar de ainda dolorosas. Se não trabalhado por completo, o trauma pode permanecer indefinidamente, vindo à superfície através de sonhos, como depressão ou como ataques de pânico.

Quando me pareceu que Bob havia processado o incidente por completo, eu o trouxe de volta à imagem alvo inicial. A imagem diminuiu. Orientei Bob a prosseguir: "Veja para onde as coisas vão agora, quando reinicia da cena associada à crença 'Sou uma pessoa terrível'. 'Sou culpado'".

Bob tornou a movimentar os olhos da esquerda para a direita, acompanhando as luzes que corriam de um lado para o outro na barra. Deixei-o assim por três minutos, até que surgiu um olhar de resolução em seu rosto.

"Para onde você foi com isso?" eu perguntei.

"Minha mente percorreu tudo e quase não sobrou nada. Nenhum som, imagens fracas, pouca emoção. Meu corpo está relaxado. Percebi que não sou responsável e que provavelmente salvei a vida do rapaz!"

"Vamos com isso!"

Depois de uns dois minutos acompanhando as luzes, Bob se pronunciou outra vez, agora com lágrimas nos olhos.

"Acabou. Está no passado. Posso seguir adiante."

Muito emocionado também, confirmei:

"Certo. Você pode seguir adiante, agora."

Em meia hora conquistamos um trauma. Restavam cinco. Como o primeiro processamento correra tão bem, estimulei Bob a ir logo para os próximos. Pararíamos somente se ficasse cansado ou se não estivesse progredindo.

Voltamos ao primeiro acidente, o que ocorrera quinze anos antes. Três adolescentes estavam brincando e um se deitou atravessado sobre os trilhos, como um personagem do filme *The Perils of Pauline*, com a cabeça pendendo de um dos lados e os pés estirados para o outro. A única diferença era que não estava amarrado. Aparentemente, seus amigos o deixaram lá e ele adormeceu...

O trem decapitou o rapaz e arrancou suas pernas. Ele morreu instantaneamente.

Embora muitos anos tivessem passado e a morte do rapaz tivesse sido evidentemente acidental, a lembrança ainda era impactante para Bob. Por isso, a surpresa foi maior quando a lembrança foi processada em menos de quinze minutos, fechando com total ausência de imagem, som, cognição negativa, perturbação emocional e corporal!

O evento seguinte não era o "pior", mas obviamente o mais difícil, relacionava-se a um suicídio. Era o caso que havia chamado a atenção do jornal *Newsday*, de Long Island.

"Havia uma pessoa nos trilhos," ele disse. "No início, não dava para saber se era homem ou mulher, mas estava caminhando em direção ao trem e logo - mas tarde demais - percebi que era uma mulher, uma mulher grávida. Por Deus, David, ela se parecia com a minha filha! Ela se ajoelhou nos trilhos e olhou para mim. Eu podia ver os seus olhos. Eu tentava freneticamente parar o trem, mas, obviamente, não conseguia. Ela olhou para mim, fez contato visual comigo, como se quisesse que eu sentisse o sofrimento dela e, aí ela estava debaixo do trem. Eu ouvi o barulho, mas não tinha jeito de parar o trem", relatou com voz embargada. *"Não tinha jeito de parar o trem!"*

Às vezes, pessoas que tomam comprimidos ou cortam os pulsos estão, na verdade, "fazendo uma experiência" com o suicídio, divididas entre o desejo de morrer e, ao mesmo tempo, a esperança de ser salva. Pode-se identificar a ambivalência quando um homem ameaça jogar-se do topo de um edifício ou uma mulher joga seu carro para fora da estrada propositadamente. Neste caso, no entanto, estava claro que a vítima não tinha dúvidas. Suas ações demonstraram certeza absoluta; não havia nada que Bob, ou outra pessoa qualquer, pudesse fazer para impedi-la.

À pergunta de qual tinha sido a pior imagem, respondeu: "Vê-la sobre os trilhos. Perceber que estava grávida. O contato visual."

E a cognição negativa?

Assim como as demais. "Sou um assassino".

Não deixo de surpreender-me com o quanto o trauma distorce o pensamento de pessoas que, em circunstâncias normais, são perfeitamente razoáveis. A mulher *queria* morrer. Não tinha como Bob parar o trem. Ele tinha tanta culpa na morte da mulher quanto você ou eu.

Mais uma vez, suas emoções eram horror e culpa. O grau de tensão perturbadora estava novamente em 10 – o máximo da escala. Sentia um aperto que ia da garganta, passava pelo peito e chegava até seu estômago.

Mesmo com a barbaridade dessa cena, a lembrança foi reprocessada em cinco minutos! A imagem perdeu suas cores, os barulhos desapareceram, as sensações físicas associadas foram sendo aliviadas até que, por fim, sumiram. A expectativa ia aumentando a cada trauma superado. Durante esta rodada, Bob passou por várias camadas de emoção. Após o medo e a culpa iniciais, sentiu raiva da mulher por infligir seu suicídio nele e, a seguir, vieram empatia e tristeza. "Estou triste", relatou, e, de fato, seus olhos estavam úmidos. "Aquela pobre mulher. Tirando sua própria vida daquele jeito. Eu queria que houvesse alguma coisa que eu pudesse ter feito para evitar, mas ela não se mexeu quando ouviu a buzina. Ela queria se matar. Eu fiz tudo o que eu podia."

Chegamos, for fim, à pior das tragédias: um incidente que ocorreu dois anos antes do nosso encontro.

Estava nevando e a noite estava gelada. Um carro parou de funcionar no cruzamento ferroviário, logo depois de um morro, limitando a visibilidade para Bob e o seu trem bateu violentamente contra a lateral do veículo. O carro explodiu, voando estilhaços na direção do trem, colocando a vida de Bob em perigo. Nem pensou na sua segurança. Ele não só ouviu o barulho da explosão, mas gritos agudos. Havia gente dentro do carro no momento do impacto. Crianças pequenas!

Conseguiu parar o trem quatrocentos metros à frente e correu até o automóvel ainda em chamas. A UTI móvel chegou e

Bob os observou retirando corpos - na verdade, pedaços de corpos - dos destroços. Ele conseguiu identificar um braço pequeno, um pé. Sentia o cheiro de carne queimada. Estavam no carro um pai e duas crianças, com idades de um e três anos. Todos foram incinerados. Bob contou que assistia ao pesadelo como se estivesse fora de seu corpo.

"E não acabou aí", Bob continuou. "A família processou tanto a mim quanto à companhia ferroviária. Tive de comparecer a duas audiências distintas, responder perguntas de três advogados diferentes. Na verdade, estou intimado a comparecer a outra audiência no fórum no próximo mês – dois anos depois! Cada vez que testemunho, me tratam como se eu fosse um criminoso. O sindicato me deu apoio - todos os meus companheiros têm estado do meu lado. Eles sabem que eu não tinha como evitar o acidente..." Sua voz embargou e ele levantou a cabeça para olhar para mim.

"É o cheiro. Ainda hoje, depois de todos esses meses, não consigo ir a churrascos."

Quando Bob concluiu sua história, meu primeiro sentimento foi de admiração por sua habilidade de continuar com seu trabalho. Jamais me deparara com um trauma dessa magnitude (se bem que nos anos seguintes, trataria muitos mais). Estava certo de que o EMDR ajudaria Bob a superar seus efeitos, mas também fui tomado por respeito pelo espírito humano que persevera em face de tamanha tragédia.

Desta vez, levou somente quinze minutos para Bob reprocessar o conteúdo: as imagens, os sons, os cheiros, a culpa, o horror e as crenças distorcidas desapareceram. Bob foi imbuído de uma nova coragem emocional.

"Aqueles caras, todos aqueles advogados, são imbecis", afirmou encolerizado. "Eu posso encará-los no fórum porque não fiz nada de errado. Se eles acham que eu fiz – se ao menos sugerirem que eu fiz – vão enfrentar a ira de um maquinista enfezado!"

Passamos apenas cinco minutos em cada um dos três últimos acidentes. Ao todo, estivemos juntos não mais que três horas. Bob saiu com sentimento de satisfação – e uma derradeira preocupação.

"Estou ótimo agora", informou enquanto apertávamos as mãos na saída. "Mas isso tudo vai voltar? As lembranças se foram para sempre?"

Tínhamos realizado tanto em tão pouco tempo que eu não tinha certeza quanto aos efeitos posteriores. "Veremos", respondi. "O tempo dirá. Mas é bem provável que sua esposa tenha o velho Bob Franke de volta."

Três dias depois, ele ligou. "Aconteceu uma coisa impressionante demais." Sua voz estava vívida de alegria. "Fiz minha rota habitual levando o trem de Patchogue para Jamaica e depois o mesmo trajeto de volta. Mas somente quando estava voltando para casa no final do expediente é que percebi. Passei por todos os locais, todos aqueles lugares onde os acidentes ocorreram, e não tive nem um *flashback*, nem um sequer. Nem pensei neles. E no carro, quando tentei trazê-los à memória, não consegui." Ele riu. "E adivinhe o que eu, minha esposa e filhos fizemos no Memorial Day?" (Dia celebrado pelos norte-americanos em memória aos soldados mortos na guerra.)

Sorrindo e com profunda alegria, respondi: "Não faço ideia".

"Fomos a um churrasco."

Nos anos que se seguiram à sessão, vi Bob com frequência. Tornou-se um dos meus melhores amigos e nossas famílias também são amigas. Trabalhamos como equipe para auxiliar outros maquinistas vítimas de traumas semelhantes aos dele. Mais de cem. Ele faz o contato inicial, explica como funciona o tratamento e como tem ajudado a tantos colegas maquinistas; depois, pergunta se seu amigo David poderia ligar para dar mais detalhes. Em virtude do respeito e afeto que seus colegas têm por ele, consegue abrir portas para que eu possa ajudar. Por incrível que pareça, alguns desses casos foram mais difíceis que os de Bob e alguns levaram mais tempo. Mas, em geral, os resultados têm sido os mesmos.

Recentemente, tive um encontro com o presidente *da International Brotherhood of Locomotive Engineers* (Irmandade Internacional de Maquinistas Ferroviários), que abrange os Estados Unidos, o Canadá e o México, para fazer com que o EMDR se torne acessível a qualquer maquinista em toda a

América do Norte. Não tem sido fácil promover a aceitação do EMDR pelos sindicatos, pela *U.S. Federal Railway Association* (Associação Ferroviária Federal dos Estados Unidos) (cuja principal *ênfase* é segurança), pelas seguradoras, e até pelas companhias ferroviárias, que, muitas vezes, vêem os maquinistas como peças substituíveis. Aos poucos, porém, estamos obtendo sucesso. E tudo isso começou em um domingo, no meu consultório, com uma sessão de EMDR com Bob.

Há dois anos, Bob sofreu um acidente de carro e ficou gravemente ferido na cabeça. Seus colegas ficaram inconsoláveis e se uniram à sua volta em tamanha demonstração de amor, que muitas vezes me levou às lágrimas. Lentamente, Bob recuperou-se e hoje está 98% melhor; entretanto, precisou aposentar-se das funções de conduzir trens. Agora, disponibilizou grande parte de seu tempo para orientar e dar apoio aos colegas maquinistas, principalmente preparando os novatos para os traumas pelos quais muito provavelmente irão passar. Hoje, esse admirável homem, que quando conheci era tão excêntrico socialmente, dá palestras que terminam com a platéia aplaudindo de pé.

Quando tendo elogiá-lo pelo que faz, diz, envergonhado: "Não sei o que dizer". Ao que respondo, em tom de gozação séria: "A resposta normal para um elogio costuma ser 'obrigado'".

Graças às referências que Bob Franke me fez, pude auxiliar muitos maquinistas. Todos eles pessoas memoráveis. Três casos, no entanto, fora o do próprio Bob, mantenho vívidos em minhas lembranças. Dois deles, talvez, devido à imensa atenção da mídia sobre eles; o terceiro, em razão da complexidade dos incidentes envolvidos.

EMDR AJUDA MAIS MAQUINISTAS
BILL, STEVE E CHIP: ATRAVESSANDO OS TRILHOS DO TRAUMA

Bill procurou-me para tratar do que passei a chamar de trauma padrão decorrente de "suicídio à frente do trem". Neste caso, um homem de aproximadamente quarenta anos saltou, de repente, de trás de uns arbustos, na frente da locomotiva em alta velocidade. Bill tinha cinquenta e poucos anos, 1m70 de altura, era magro e musculoso com cabelo meio ruivo, e apesar do *status* de veterano, era seu primeiro acidente dessa natureza. O condutor do trem, Tommy, estava com ele quando o trem colidiu com o homem e esse fato uniu-os de tal forma que vieram juntos pedir tratamento. Honrei esse pedido incomum; restaurar a capacidade de escolha e o controle é determinante na cura do trauma.

Em uma sessão que durou duas horas, ambos os homens receberam alívio dos traumas sofridos. As imagens desvaneceram; a crença de que o acidente teria sido culpa deles perdeu consistência; a tragédia deixou de provocar sintomas de trauma ativo e foi integrada como memória.

Deixaram o consultório imensamente aliviados e uma sessão de acompanhamento uma semana depois ajudou a reforçar o sucesso. Um mês mais tarde, recebi uma carta de Bill agradecendo-me efusivamente pela ajuda que lhe prestei e, no mesmo dia, recebi um telefonema da esposa dele informando que Bill estava curado e que ela agora tinha de volta o homem que amava. No ano seguinte, quando os vi no jantar de gala anual dos maquinistas, Bill estava aposentado e eles haviam mudado para Vermont, onde viviam uma vida alegre, amorosa e relativamente livre de estresse. Contudo, antes de Bill aposentar-se, nossos caminhos tornaram a se cruzar.

Seis meses após o tratamento de Bill, Steve procurou-me com uma história completamente distinta. Steve era veterano da guerra do Vietnã, onde participou de combates violentos durante dois anos na selva. Era um homem grande, com estrutura óssea forte, cabelos muito ruivos e rosto corado, o tipo de pessoa que, se estivesse de mau humor, você não iria gostar de atravessar o seu caminho. Embora não fosse maquinista, era empregado da LIRR. Estava trabalhando perto da ferrovia quando um trem passou zunindo a 115 quilômetros por hora, arremessando fragmentos de coisas ao ar. Uma lata de tinta vazia bateu nele com tamanha força que rasgou seu braço e ombro, jogando-o ao chão.

Assim que o acidente com Steve foi informado, a empresa fechou as linhas nas duas direções até que ele fosse removido. Steve ficou estendido entre as linhas férreas, surpreso e semiconsciente, aguardando cuidados médicos. Ninguém poderia prever que, quando o helicóptero chegou para transportar Steve para o hospital, o barulho das lâminas dispararia nele um *flashback* completo, levando-o a uma guerra na selva de trinta anos antes, a meio mundo de distância. Ele entrou em pânico e demorou uma boa hora antes que conseguissem acalmá-lo e levá-lo, sobre uma maca, para a ambulância que o esperava.

Essa reação não me surpreendeu. Quando uma região do sistema nervoso, congelada com algum trauma não processado, é reativada pela ocorrência de outro trauma – mesmo décadas depois – a vítima pode reviver aquela experiência como se ela estivesse acontecendo de verdade. Isso pode soar como uma alucinação, sintoma de psicose, mas é, de fato, uma reação neurofisiológica a um evento disparador. A pessoa sente, ouve e cheira o trauma original. É aterrorizante - você é jogado direto para dentro de um inferno do qual achava que tinha escapado há anos. Em geral o ser em sofrimento mantém certo grau de consciência de que o que ele está passando não é real, mas, às vezes, a dissociação é completa e o trauma do passado substitui a realidade atual.

Consegui orientar Steve a passar pelo trauma na ferrovia em duas sessões de duas horas, mas trabalhamos por muito mais tempo nas experiências vividas no Vietnã e no prejuízo que elas causaram ao seu relacionamento com esposa e filhos. Tivemos sessões semanais de noventa minutos durante quatro meses e, lentamente, Steve sarou da dor que ele acreditava ter que suportar pelo resto de sua vida. Nos intervalos entre as sessões, descobrimos que ambos éramos eternos fãs do *The Honeymooners,*[2] de Jackie Gleason. Depois de sessões particularmente difíceis, Steve se despedia de mim com a tradicional saudação do personagem Ralph Kramden. "U-uu", dizia, balançando o rabo de um guaxinim imaginário em um gorro imaginário. "U-uu", eu respondia.

Certa ocasião chegou à sessão aos prantos. Seu amado irmão caçula, Chip – o irmão mais fraco que nunca se casou e ainda vivia com a mãe, alma boa e gentil – tinha sido atingido por um trem e estava prostrado em um leito no hospital de Long Island com a morte pairando sobre ele.

Eu havia lido a reportagem sobre o acidente no jornal matutino *Newsday,* de Long Island, mas nunca imaginei que o rapaz ferido fosse irmão de Steve. O choque da informação e a

---

[2] N. da. T. Seriado de televisão dos anos 1950.

possível repercussão para o tratamento de Steve me deixaram temporariamente desconcertado.

Chip era funcionário de manutenção da LIRR na estação de Brooklyn. A caminho de sua casa, em Long Island, começou a atravessar os trilhos para chegar onde seu carro estava estacionado. Quando olhou para a esquerda, viu o trem à distância, aproximando-se da estação e continuou caminhando. Só que não olhou para a direita e entrou bem na frente de outro trem que o acertou a mais de cem quilômetros por hora. Apesar de atingido de raspão, foi lançado a uma distância de dez metros e sofreu traumatismo craniano, além de múltiplas fraturas. Hospitalizado em estado de coma, os médicos lhe deram menos de cinquenta por cento de chances de sobrevivência.

Enraivecido, Steve esbravejava e andava de um lado para o outro em meu consultório como um trem em fuga. "Maldito maquinista! Como é que ele não viu meu irmão? Por que ele não tocou o apito ou brecou o trem?" Suas lágrimas eram uma mistura de dor e raiva.

Steve não aceitava que o acidente não tinha sido culpa do maquinista. O EMDR ajudou consideravelmente, mas ele não conseguia processar totalmente esse novo trauma, pois seu resultado permanecia inconcluso. Não havia maneira de aliviar o suspense de Steve; só o tempo revelaria o destino de Chip. Fizemos o melhor possível e ele conseguiu relaxar e orar por seu irmão, mas sabíamos que restava muito trabalho pela frente. Concordou em manter-me informado sobre a situação de Chip e partiu muito chateado para o tradicional "U-uu".

No dia seguinte, recebi uma ligação. Estava aguardando notícias de Steve, mas era Bill. "Preciso vê-lo", afirmou.

Na hora, compreendi. Sem que me contasse, sabia qual o motivo de sua ligação.

No dia seguinte, chega ao consultório um Bill arrasado. "Bati em outra pessoa", disse, usando a frase que eu observara sendo usada por outros maquinistas. Fora *ele*, e não "o trem" que "atingira uma pessoa".

Demonstrei meu interesse e empatia: "Conte-me".

"Era um empregado da empresa ferroviária, um dos nossos, atravessando os trilhos. Há uma curva quando nos aproximamos da estação – meu trem não pára ali – e toquei o apito, como de costume. Mas ele não reagiu – entrou bem na frente do trem. Mais um passo e eu o teria acertado em cheio; mas já é ruim o suficiente, o peguei de lado. Aquele barulho horrível ainda está soando em meus ouvidos. Não se sabe se ele vai sobreviver."

Ao tratar um segundo trauma, existe um efeito de transferência do primeiro tratamento. Apesar de o resultado final do acidente estar indefinido, levamos duas sessões de uma hora cada para aliviar o TEPT de Bill. Uma sessão de acompanhamento realizada alguns meses depois revelou que todas as emoções traumáticas do segundo incidente permaneciam solucionadas.

Nesse meio tempo, continuei trabalhando com Steve. Tive que resistir à tentação de dizer a ele, "eu sei quem estava dirigindo o trem que atingiu o seu irmão e não foi culpa do maquinista". Caso eu tivesse feito isso, teria cometido tanto uma violação do sigilo terapeuta-paciente, quanto um erro clínico. As emoções de Steve estavam ainda muito cruas para permitir que ele se colocasse no lugar do maquinista e ele teria interpretado meu trabalho com Bill como traição emocional. Para tratar dele, precisei colocar de lado tudo o que eu sabia sobre Bill e sua angústia. E tinha que ter empatia quanto à raiva que Steve sentia por um homem com quem eu me solidarizava. Esse foi um lugar extraordinário para estar e me pergunto se algum outro terapeuta já teve a oportunidade de vivenciar algo parecido. Foi desconcertante e, sinceramente, esperei não ter que enfrentar outro conjunto de coincidências desse tipo tão cedo.

Milagrosamente, as orações de Steve foram respondidas. Lentamente, Chip se recuperou. Com essa boa notícia, Steve estava pronto para, progressivamente, libertar-se dos efeitos de seu TEPT. Depois de uns seis meses, seu tratamento foi concluído. Sua raiva foi dissipada, seus *flashbacks* sumiram e ele perdoou o maquinista. Ele estava no controle de sua vida, e não mais sendo controlado pelos horrores que testemunhou e viveu. Passei a concentrar minha atenção em outros casos. De vez em quando me perguntava como estaria Steve. O impacto triplo de seus traumas (Vietnã, lata de tinta, irmão) não era carga leve para ninguém, nem mesmo para o EMDR.

Dois anos depois, minha esposa Nina e eu estávamos entrando em um restaurante japonês quando a porta da frente se abriu e por ela saíram dois homens, o mais corpulento dando apoio ao outro, que usava uma bengala. Não reconheci nenhum dos dois naquela rua escurecida, mas o homem maior me reconheceu. Sua mão passou para a parte de trás de sua cabeça e ele balançou um rabo de guaxinim imaginário e gritou "U-uu".

"U-uu", correspondi, e Steve e eu nos abraçamos.

"Quero que você conheça meu irmão", falou. Cumprimentei Chip, que estava ao seu lado sorrindo, com um aperto de mãos. "Contei a ele como você salvou minha vida", prosseguiu Steve. "Quem sabe, você possa ajudá-lo algum dia. Ele ainda está bem abalado por causa daquele acidente."

"Você gostaria de marcar uma sessão?", perguntei a Chip.

Ele hesitou, e num impulso respondeu: "Por que não?"

Assim, comecei a tratar o terceiro homem envolvido em um estranho triângulo de morte e dano sobre os trilhos. Chip tinha dificuldade em lembrar exatamente o que lhe ocorrera (difícil dizer o quanto dessa amnésia era física e o quanto era psicológica), mas, em diferentes momentos, o impacto emocional do acidente tomava conta e ele chorava copiosamente. O fato de ter recebido amor, apoio e orações por parte de sua família, especialmente de Steve, foi de grande ajuda e, após três meses de sessões duplas, estava bem no seu caminho de cura. Parte de sua memória também voltou. O barulho do apito do trem continuava a atemorizá-lo e, sempre que estava dirigindo e se aproximava de um cruzamento ferroviário, era inundado com ansiedade, temendo que o carro atrás o empurrasse para cima dos trilhos. Com o tempo e trabalhando repetidamente esses sintomas resistentes, eles também desapareceram. Tratamento completo, pôde retornar para a casa de sua mãe apresentando um estado mental mais saudável.

Entrementes, Steve se aposentou e mudou-se para Atlanta. Ligou para mim um dia para informar que Chip estava com ele e agradeceu a ajuda que prestei a eles. Quando desligamos, senti-me exuberante, quase tolo. Instintivamente, minha mão foi para trás de minha cabeça e joguei os dedos para cima.

"U-uu", pensei, e abri a porta do consultório para receber o próximo paciente.

ERIC: A FAMÍLIA EM DESTAQUE

Em 1998, tratar maquinistas ferroviários tinha se tornado uma especialidade minha. Não apenas eles vinham a mim (muitas vezes indicados por Bob Franke), mas, às vezes, eu mesmo os procurava. Nunca os abordei diretamente, mas usava os contatos que tinha na fraternidade de maquinistas para informá-los que estava à disposição. Então quando li a terrível notícia de que um trem teria atingido e matado uma mulher e suas três crianças pequenas, soube que o maquinista, um homem chamado Eric, estaria devastado, então usei meus contatos para comunicar-me com ele (maquinistas guardam registros dos "piores incidentes" e o de Eric estava entre os do topo da lista). O irmão de Eric aumentou minha determinação quando falou em um programa de rádio: "Ele nunca mais será o mesmo. A cena permanecerá com ele para sempre". Essa afirmação fortaleceu minha decisão de encontrar Eric. Dada a oportunidade, tinha certeza de que poderia auxiliá-lo a se libertar.

Fiquei sabendo que Eric estava recebendo ajuda e que estava bem. Três meses depois, no entanto, o presidente de seu sindicato me ligou. Será que eu poderia atender Eric? *Será* que eu poderia? Deixei minha manhã livre, pois não sabia quanto tempo seria necessário. O presidente do sindicato o acompanhou até o consultório e, depois, aguardou, pacientemente, na sala de espera até que a sessão terminasse.

Eric contou-me os detalhes com bastante tranquilidade, embora estivesse visivelmente sob grande pressão interna. O acidente ocorrera à noite e a imagem difusa - o farol do trem iluminando, subitamente, a mulher e as crianças em pé sobre os trilhos, de costas para ele - o assombrava. Ele se questionava se teria sido suicídio ou um acidente, como os jornais mostravam. Eric achava que tinha superado a pior parte sozinho, mas uma noite teve um pesadelo em que apareciam quatro cabeças fantasmagóricas vindo em sua direção gemendo. No dia seguinte, quando entrou na cabine e pegou nos controles, começou a tremer descontroladamente. Foi tomado de pânico tão forte que precisou de ajuda para sair do trem. Esse fato assustou-o o suficiente para que pedisse por mais ajuda.

No início do processo com EMDR, estava preso a uma imagem congelada: a mulher e as crianças sob a fraca iluminação do farol do trem. A seguir, a cena foi substituída por outra e depois mais outra. A mulher e as crianças. Os corpos explodindo. A visão e o cheiro de sangue. O som dos gritos e dos freios, seguido de um silêncio sepulcral.

Eric também tinha lembranças posteriores ao incidente, quando a polícia o interrogara. Era o trabalho deles, ele sabia, mas sentiu-se como uma vítima de assalto sendo acusada de agressão.

Nossa sessão de EMDR durou duas horas e meia. Ao aproximarmos da resolução, Eric enxergou, em imagens desbotadas, as quatro vítimas subindo ao céu. Ouviu vozes etéreas dizendo: "Estamos com Deus, agora". E aí, acabou; seu SUDS estava em zero, e sua mente, corpo e espírito, apaziguados. Por mais fantástico que possa parecer, uma semana depois ele compareceu a uma sessão de acompanhamento e não encontramos resquício algum de trauma, embora eu tenha procurado intensamente. Ele passou no local do acidente, fez uma oração e não sofreu nenhum *flashback*; e, assim, deu prosseguimento a sua vida.

MAX: MASSACRE EM LONG ISLAND

No dia 7 de dezembro de 1993, o trem número 1256 saiu da Estação da Pennsylvania às 17h33 para realizar sua trajetória rotineira. Entre as estações New Hyde Park e Merillon, um homem de nome Colin Ferguson, sentado no terceiro vagão, levantou-se, pegou uma arma automática e começou a atirar aleatoriamente nos passageiros, caminhando decididamente para a frente da locomotiva. Se não fosse pela coragem dos passageiros que acabaram derrubando e imobilizando-o, muitos mais teriam sido feridos ou mortos. Carolyn McCarthy, que perdeu seu esposo e teve o filho ferido nesse trem, foi eleita para o Congresso usando como item de sua plataforma política a questão do controle de armas de fogo. As companhias ferroviárias instituíram medidas de segurança mais rígidas. Anos depois, a memória ainda assombra os passageiros da estrada de ferro de Long Island. Por volta de vinte passageiros e o condutor foram tratados por colegas meus usando EMDR.

O maquinista do trem 1256 era um simpático fisiculturista de trinta e oito anos de idade, enormes ombros e pescoço, que apresentava boas maneiras, chamado Max que, por acaso, era um bom amigo de Bob Franke. De onde ele estava na locomotiva, não viu a matança, mas ouviu o barulho da confusão às suas costas. Calculou que estivesse ocorrendo um assalto e que o melhor a fazer era chamar a polícia e, depois, parar na primeira estação – Merillon – para esperar que eles chegassem.

Havia, contudo, um problema. A estação Merillon somente pode acomodar oito vagões e não os dez que constituíam o trem 1256. Max sabia que se ele abrisse as portas, as pessoas que estivessem nos dois últimos vagões, ao tentarem sair, poderiam cair em um grande barranco e, se não morressem, poderiam ficar gravemente feridas. Por outro lado, manter as portas fechadas prenderia os passageiros dentro do trem até que chegasse o socorro. Enfrentando esse dilema, optou por manter as portas fechadas.

Quando a polícia e os paramédicos chegaram ao local, o massacre havia terminado. Ao sair da locomotiva e direcionar-se à plataforma, Max finalmente viu o que ocorrera. A polícia e os paramédicos espalhavam-se pelos vagões, mas o que o atingiu de forma estarrecedora foi a visão de uma moça asiática em pedaços, uma imagem que o perseguiu durante anos. Começou a suar frio, seus joelhos falharam e ele precisou segurar-se em um poste para não cair ao chão.

Ferguson acabou julgado e condenado por assassinato e o incidente tornou-se um marco sinistro na história da ferrovia e da comunidade. Max prosseguiu com seu trabalho; achou que havia superado o choque. Então, seis anos depois daquele dia, ao aproximar-se do trem das 17h33 que dirigira por tantos anos, percebeu, de relance, o número na locomotiva: 1256. Essa era a primeira vez que iria dirigir aquela locomotiva específica depois do incidente e sua visão levou-o a tamanho pânico que não conseguiu entrar no trem. A situação toda voltou de repente, inclusive a imagem da moça asiática e, de súbito, foi tomado de culpa. *Foi minha culpa que todas aquelas pessoas morreram. Eu tomei a decisão errada. Se tivesse aberto as portas, nada disso teria acontecido.*

Essa era a cognição negativa que carregava quando, por insistência de Bob, procurou-me. Ao trabalharmos juntos, constatou, conscientemente, pela primeira vez, que ele próprio poderia ter sido morto; esse fato tinha sido bloqueado até então. Em uma única sessão de duas horas usando o EMDR, o trauma ficou 95 por cento resolvido! (As questões seguintes foram solucionadas em outra sessão, uma semana depois.) A imagem do vagão embaçou até desaparecer; os sons dos gritos emudeceram. Sim, ele estava entristecido pela tragédia; a lembrança não havia sido apagada. Max sofreu muito tempo de uma reação claustrofóbica a multidões e, durante o reprocessamento, relacionou-a, pela primeira vez, ao incidente. Também sua claustrofobia desapareceu.

Terapeutas de EMDR têm o privilégio de fazerem uma viagem com seus pacientes do momento em que ocorreu o terror, até a sua cura. É uma viagem repleta de imagens espirituais, emoções e experiências corporais. Assim, eu "montei no táxi" com Max, Eric, Chip, Steve, Bill, Bob, e muitos outros. Seus dramas e medos eram quase palpáveis. Como meus colegas de EMDR no mundo todo, fico exuberante em saber que posso ajudar meus pacientes a se libertarem de seus sofrimentos. Descobri, por meio de discussões com outros praticantes de EMDR, que todos compartilhamos o silencioso prazer de saber que, no início, nossos pacientes não têm a menor ideia de como o EMDR transformará as suas vidas em velocidade máxima, e de como, no final, poderemos dizer-lhes: "Eu acreditei o tempo todo que isso aconteceria". Esses são pensamentos secretos dos terapeutas que nos trazem alegria. Ao tratar nossos pacientes, recebemos a honra de entrar no estranho mundo governado pelos milagres da mente.

CAPÍTULO 5 – A MENTE É COMO UM MÁGICO: O PROCESSO DE DISSOCIAÇÃO

Por que o EMDR funciona tão bem no tratamento do trauma? Ao identificar o alvo usando o protocolo (imagem alvo, cognições, emoção e experiência corporal), identifica-se, também, o local em que o trauma ficou preso no sistema nervoso. As estimulações bilaterais reativam o sistema, removem os obstáculos e permitem a reconexão e a cura.

A mente pode agir como um mágico – pode fazer com que lembranças dolorosas "desapareçam". Por meio do processo conhecido como *dissociação*, a mente consciente encobre emoções e lembranças intoleráveis, às vezes mediante esquecimentos, ou por uma parede de amnésia, e, outras vezes, dividindo-se em mais de uma personalidade. A dissociação não elimina os efeitos do trauma; apenas os enterra. Podemos não sentir os efeitos conscientemente, nem mesmo lembrar do trauma original em si. Entretanto, apesar de o trauma estar oculto por esta defesa, os efeitos permanecem ativos, afetando nossa maneira de pensar, de sentir (tanto em nível emocional quanto físico), como falamos, nossos relacionamentos, nosso comportamento e nossa maneira de *ser*.

Trauma e dissociação se encaixam como a mão e a luva – e o EMDR pode ajudar a diminuir a pressão da luva. Somente ao alcançar o cerne do trauma, tornando-se consciente dele e vendo-o de modo claro, é que podemos superar a sua força – só então poderemos ser transformados. Mudanças dramáticas como essas precisam acontecer com cuidado e sensibilidade. Defesas antigas precisam ser eliminadas cuidadosamente para que outras, mais adaptativas, possam substituí-las.

DISSOCIAÇÃO DISFUNCIONAL

Quando alguém enfrenta algum perigo real ou imaginário, o corpo reage: o fluxo de adrenalina aumenta, a respiração acelera ou cessa momentaneamente, a pele cora ou empalidece e a mente se abala, inicialmente registrando o evento traumático e, muitas vezes, esquecendo-o em seguida. Trauma severo é simplesmente demais para ser integrado. Proteger-nos dele é um reflexo: apagamos o trauma de nossa consciência. Terapeutas costumavam chamar esse fenômeno de *repressão*. Hoje ele é mais conhecido como dissociação.

Nem toda dissociação é disfuncional. Na verdade, se entrássemos em contato com tudo aquilo que sentimos o tempo todo, seríamos bombardeados e impossibilitados de funcionar. Quando sua mente divaga durante uma palestra e você percebe que não tem a menor ideia do que acabou de ouvir, isso é dissociação. Quando você passa as páginas de um livro e não se lembra do que estava escrito na folha anterior, isso é dissociação. Quando você está dirigindo em uma rodovia e se dá conta, de repente, que não esteve *consciente* de estar dirigindo durante algum tempo, isso é uma forma de dissociação. Mas a dissociação patológica é uma reação ao trauma.

Como reagimos ao trauma e *onde* reagimos em nossos corpos, depende do nível de desenvolvimento do nosso sistema nervoso e da gravidade do trauma. O sistema nervoso de uma criança pequena não está amadurecido e é vulnerável. Uma criança na primeira infância que é repetidamente abusada por um dos pais, dissociará o trauma que, no entanto, modelará o restante de sua vida, e suas consequências irão provavelmente irromper durante sua adolescência ou vida adulta. Uma criança de cinco ou dez anos de idade que, da mesma forma, é abusada, será profundamente afetada, mas o maior grau de seu desenvolvimento poderá alterar a natureza do prejuízo causado.

Igualmente, se você como adulto perde um ente querido, pode, por algum tempo, sentir que aquela pessoa ainda está viva, falar dela no presente ou até mesmo "vê-la" passando na calçada. Esse é um processo dissociativo "normal". O cérebro cognitivo reconhece que a pessoa está morta, mas o cérebro emocional reluta em aceitar. Gradualmente, apenas, a consciência da morte do ser amado é filtrada pelo cérebro "pensante" para o sistema nervoso como um todo, permitindo a transição para os estágios seguintes – dor, raiva, depressão, aceitação, cura. Mas se sofre um trauma severo - em combate, por exemplo, ou como aqueles sofridos por Bob, Steve ou Bill – você pode não conseguir processar o trauma sem ajuda externa. É nesse momento que o EMDR assume valor incalculável.

A UBIQUIDADE DO ABUSO

Sociedades inteiras podem experienciar negação, particularmente em se tratando de abuso de crianças. Seus efeitos são tão devastadores, e o que diz de nós como seres humanos é tão ameaçador, que preferimos enxergar o espancamento ou a exploração sexual de crianças como fatos isolados, manifestações de depravação que nenhuma comunidade "normal" poderia aprovar. Como descreveu a Dra. Judith Lewis Herman, em seu livro *Trauma and Recovery* – Trauma e Superação – (1992, pp. 7, 8),

O estudo do trauma psicológico tem sistematicamente levado à esfera do impensável ou se embrenhado na questão fundamental da crença (...). Estudar trauma psicológico é enfrentar cara a cara a vulnerabilidade humana no mundo natural e a capacidade para o mal na natureza humana. Estudar trauma psicológico significa testemunhar acontecimentos horríveis. Quando a situação decorre de um desastre natural ou de "ações de Deus", as testemunhas prontamente se solidarizam com a vítima. Entretanto, quando o evento traumático é provocado pelo ser humano, quem o testemunha fica dividido no conflito entre vítima e perpetrador. Torna-se moralmente impossível permanecer imparcial diante do conflito. O observador é obrigado a tomar partido.

É bastante tentador tomar partido do perpetrador. Tudo o que ele pede é que o observador não faça nada, apelando para o desejo universal de não ver, não ouvir e não falar sobre o mal. A vítima, por outro lado, pede ao observador que a ajude a suportar o peso da dor (...).

Para fugir da responsabilidade de seus crimes, o perpetrador faz qualquer coisa para promover o esquecimento. Suas primeiras linhas de defesa são o segredo e o silêncio. Se o segredo falha, o perpetrador ataca a credibilidade da vítima. Se mesmo assim ele não consegue silenciá-la, procura assegurar-se de que ninguém a ouça (...). Após cada atrocidade, pode-se esperar ouvir as mesmas desculpas: isso nunca aconteceu; a vítima está mentindo; a vítima está exagerando; a vítima provocou; de qualquer forma, está na hora de esquecer e seguir adiante. Quanto mais poderoso o perpetrador, maior sua prerrogativa para nomear e definir realidade, e mais completamente seus argumentos prevalecerem.

Adultos exercem enorme poder sobre crianças pequenas e não há perpetrador que tenha mais garantia de impor silêncio sobre sua vítima que o adulto que abusa de uma criança. As mais novas não conseguem expressar-se ou reagir (pois seu cérebro ainda não está suficientemente formado para compreender, quanto mais interpretar, o que aconteceu), não conseguem fazer nada para fugir do perpetrador ou do trauma em si. A única coisa que podem fazer é dissociar. Uma criança de seis ou sete anos, por exemplo, frequentemente "flutuará para fora de seu corpo" durante o abuso, observando, mas sem sentir nada, e tentando desaparecer (sintoma descrito por vítimas de abuso em qualquer idade). Em geral, inclusive, ela consegue seu desejo e sua essência se perde na profundidade de seu ser, às vezes para sempre.

Aceitando ou não esse fato, a verdade é que o abuso infantil prevalece em nossa sociedade, tanto quanto nos milênios que nos precederam. Não costuma haver testemunhas, apenas o perpetrador e a vítima. Podemos apenas tentar adivinhar o número de casos, sabendo que os relatórios existentes apresentam quantitativos reduzidos por medo, culpa, vergonha e esquecimento decorrente da dissociação. Em 1986, Sigmund Freud escreveu em "Etiologia da Histeria" que, "no fundo de cada caso de histeria existem *uma ocorrência ou mais de experiência sexual prematura*, [itálicos adicionados] ocorrências as quais pertencem aos primeiros anos da infância". Posteriormente, retratou-se (talvez ameaçado por sua própria negação, talvez pressionado por uma sociedade que assevera que tais coisas não acontecem) e descreveu as ocorrências como fantasias provocadas pela "histeria", uma condição dos tempos que correspondem, sintomaticamente, ao que hoje denominamos Transtorno de Estresse Pós-Traumático. Embora a memória seja imprecisa e, por vezes, falha, minha experiência tem sido d e que a dissociação não se apresenta a não ser que haja uma razão muito boa – a pessoa *precisa* esquecer. Há feroz controvérsia quanto à "síndrome da falsa lembrança", uma vez que terapeutas inescrupulosos levaram pacientes sugestionáveis ao trauma, sem base segura. Mas esse rótulo também tem sido usado para negar recordações recuperadas de abusos sofridos, mesmo após sua comprovação.

É sabido que seres humanos são capazes de extrema bondade e, igualmente, das piores depravações. Temos em nós potencial para o melhor e para o pior. Em cada Madre Teresa existe um lado obscuro, em todo criminoso a capacidade de redenção. Todos nós lutamos para reprimir nossos impulsos agressivos e cultivar os humanistas; nem todos obtemos êxito. Essa nossa habilidade para fazer o mal pode ser mais trágica quando dirigida aos nossos próprios filhos e filhas. Na condição de terapeuta, percebo essas duas forças em guerra uma com a outra nos pacientes que trato, e também em mim mesmo. Não é surpresa, para mim, se o "vizinho de porta" detona um possante explosivo na frente de um edifício governamental cheio de gente, ou se um assassino devota sua vida em cárcere para auxiliar seus colegas prisioneiros.

CONNIE: A LUZ COMO DISPARADOR

Tenho observado que terapeutas que aplicam o EMDR parecem descobrir mais dissociação em seus pacientes que outros psicoterapeutas. Depressão, ansiedade e problemas comportamentais, os quais muitos terapeutas tratam somente como sintomas, são frequentemente *transtornos dissociativos de identidade* – formas neurológicas, relacionadas a traumas, de escapar de alguma coisa devastadora demais para confrontar. Tanto para terapeutas quanto para pacientes é importante lembrar que essa extrema cisão não é loucura real – na verdade é o contrário, é de fato uma forma de sanidade, última tentativa desesperada de evitar o abismo do trauma. Mexer repentinamente em uma memória traumática pode provocar uma intensa desorientação. Aplicado sem experiência, o EMDR pode acelerar esse processo.

Antes de ser treinado no uso do EMDR, trabalhei com Connie por três produtivos anos, tratando seus sintomas de pânico e depressão. Sabia que não havia alcançado a essência de seus problemas e sentia que algo profundamente perturbador acontecera quando era jovem. Durante o tratamento, recordou que seu pai, oficial da polícia, batia nela às vezes quando ainda era uma menininha, e precisou de ajuda para entender que seus medos avassaladores e sua autocrítica estavam conectados àqueles fatos.

Percebi que Connie encolhia-se sempre que eu ligava uma luz ou abria as persianas da janela (se a sala estivesse constantemente iluminada, não havia problema). Senhora de cinquenta e poucos anos, magra, bem vestida, de cabelos castanhos curtos, parecia curvar-se para frente e desviar a vista para proteger-se, independentemente da inocuidade do assunto conversado. Inicialmente, me impressionou o quão *limpa* ela era, com unhas e cabelos sempre bem arrumados, como uma menininha querendo agradar os pais.

Quando retornei do treinamento como facilitador, procurava encontrar uma brecha e resolvi verificar como Connie respondia ao EMDR. Pedi-lhe que escolhesse um tema para trabalharmos, ao que ela respondeu: "Minha sensibilidade à luz".

Sensibilidade à luz não é um alvo comum, mas ela selecionou uma experiência recente em que a luz a incomodou. Como cognição negativa, ela localizou "Perigo!". Seu nível de SUDS era 8, e ela sentia medo no peito e nas extremidades. Com os olhos movendo-se da esquerda para a direita e de volta, logo reverteu para uma lembrança antiga.

"Veio à mente uma memória de quando eu tinha cinco anos. Estou na rua com meu pai, olhando para uma janela de hospital. Minha mãe está atrás daquela janela e não tenho permissão para visitá-la. A luz do sol está refletida naquela janela e, por isso, não consigo nem vê-la."

Sua voz ficou baixa e tensa. "Agora estamos de volta pra casa, meu pai e eu e estou na banheira e meu pai está me dando banho, passando uma bucha macia no meu corpo todo. Está quentinho e gostoso na banheira." Ela balança a cabeça, desnorteada. "Uma coisa errada está acontecendo. Sinto uma coisa entre minhas pernas. Meu pai, meu pai está colocando o dedo dentro de mim!b", completou, e sua voz aumentou em pavor.

Ela ficou extremamente agitada. "Isso não aconteceu", ela gritou. "Não pode ter acontecido. Por que eu disse isso? Por que estou *pensando* isso?" Ela levantou-se e começou a andar, enquanto imagens desconexas jorravam de sua memória como uma avalanche – de seu pai e ela no apartamento, novamente na banheira, só que desta vez ela está com seis anos, na cozinha. Nunca presenciara tanta angústia e por isso tentei trazê-la de volta para o presente.

"Connie, aonde você vai mais tarde depois daqui?"

Ela gritou, "Eu o amo! Ele não fez essas coisas horríveis. Ele não poderia. Ele me amava".

"Connie, vamos lidar com isso juntos, um passo de cada vez. Procure dar tempo ao tempo."

Ela voltou para a cadeira e sua respiração desacelerou. Logo, ela estava em condições de conversar comigo racionalmente, embora ainda estivesse visivelmente abalada. Retornamos a temas corriqueiros para centrá-la – suas queixas a respeito do emprego, seus conflitos com o marido – e ela saiu do consultório tranquila, apesar de meio instável, prometendo ligar caso ficasse desorientada. Combinamos um contato telefônico para o dia seguinte e uma segunda sessão ainda para aquela semana.

Depois de três dias particularmente tumultuados, apresentando sono interrompido por pesadelos, retornou ao consultório em um estado sombrio. Isso era incomum para ela; em geral, sentia-se aliviada depois das nossas sessões e dormia bem. Não usei o EMDR com ela naquela sessão, nem por várias semanas subsequentes, enquanto tentávamos centrá-la e trabalhávamos o conteúdo que surgira; mas, então, ela quis tentar novamente. Obviamente alguma coisa fora ativada que não conseguíamos alcançar através de terapia de fala.

Connie revestiu-se de coragem quando demos início à sessão e voltou à cena.

"A luz."

"Qual o nível de perturbação?"

"Dez."

"Observe o que se passa em sua mente", sugeri, enquanto começava a mover minha mão de um lado para o outro.

"A luz – vem da minha esquerda – da porta do quarto dos meus pais. Estou deitada em minha cama e vejo o fluxo de luz refletido no meu quarto." Mais uma vez, balançou a cabeça em negação. "Eu sei que isso não aconteceu – *não aconteceu!* – meu pai está em pé à porta do meu quarto. Ele está vindo em direção à minha cama. Agora ele está deitado em cima de mim. Ele está colocando o pênis dentro de mim. E dói. Dói!"

Ela se tornou cada vez mais dissociada do ambiente à sua volta e suas lembranças se tornaram mais reais. "Estou no quarto com ele. Estou lá *agora*. Mal posso respirar. Ele é tão pesado. Não consigo me mexer. Não consigo chorar, mas eu quero chorar. Estou saindo do meu corpo. Assistindo do lado de fora de mim – da parede."

Apavorada, enrolou-se na cadeira e, depois, começou a gemer alto, um som terrível cheio de pavor e raiva. Eu sabia que veteranos do Vietnã experimentavam *flashbacks* similares, arrastando-se no chão para fugir dos horrores que estavam revivendo. Connie estava revivendo uma lembrança tão intensa e tão aterrorizante que foi transformada em uma impotente menina de cinco anos, incapaz de escapar do monstro que a atacava.

Ela gritava: "Fique longe de mim! Fique onde está!".

Mantive a calma e perguntei em tom suave:

"Onde estamos agora?"

Com voz entrecortada, respondeu:

"Na minha casa."

"Quem sou eu?"

"Você é o meu pai!" Seus olhos reluziram com tanto ódio e pavor que tive que me apoiar.

Teria sido um erro desafiá-la naquele momento. Só aumentaria sua agitação e o que eu queria fazer era trazê-la de volta, em segurança, para o presente e seu self adulto.

Minha próxima pergunta foi instintiva: "Quem é o presidente?" Rapidamente, ela informou: "Roosevelt".

Questionei vagarosamente: "Roosevelt? Você tem certeza?".

Podia vê-la começando a voltar. Suas mãos relaxaram e sua postura suavizou. Sua boca formou uma única palavra: "Clinton".

Suavemente, confirmei. "Sim, Bill Clinton é o presidente agora." Caminhei até minha escrivaninha e peguei o jornal. "Veja, estamos em 1995."

Ela permaneceu em silêncio, tremendo e perplexa.

Indaguei outra vez: "E quem sou eu?".

"David."

"Sim. David."

Sentou-se à minha frente e perguntou cautelosamente: "Onde eu estava?".

Experiência posterior mostrou-me que, quando um paciente nega situações tão dolorosas, é provável que alguma coisa, de fato, tenha acontecido. Se Connie tivesse aceitado sem protestar o incesto cometido por seu pai, suas memórias teriam sido bem menos convincentes. Meses depois, ela fez perguntas à sua mãe e irmã que anteriormente não teria feito – não *saberia* fazer – e obteve confirmação quanto às ações de seu pai.

Esse conhecimento, contudo, só abriu as portas. Oito meses de reprocessamento intensivo com EMDR se seguiram, às vezes ativando intensa agitação. Apareceram mais dois estados de ego, um agressivo e outro robótico, desprovido de sentimentos. Ela estava sofrendo de Transtorno Dissociativo de Identidade (TDI). Mais e mais lembranças surgiram de abusos apavorantes e humilhantes (quando sua mãe estava no hospital, por exemplo, seu pai insistiu que ela se tornasse "a mulher da casa", mesmo tendo apenas cinco anos, e batia nela quando o jantar não estava pronto ou se suas roupas não tivessem sido guardadas adequadamente).

Com o passar do tempo, as cenas começaram a desvanecer e Connie reintegrou as personalidades, uma a uma, cada uma com uma chorosa despedida. Foi capaz de discutir comigo os crimes que seu pai perpetrara. Mesmo assim, não estava totalmente curada quando as circunstâncias a obrigaram a se mudar para a Califórnia e nossas sessões de terapia foram encerradas.

Encarei a saída de Connie com emoções mistas. Tantas coisas mudaram para ela, além de minhas expectativas, porém, sua recuperação não estava completa. Inicialmente, não compreendi, sabia disso. Para mim, foi por vezes assustador, por vezes mortificante, mas sempre um ensinamento incrível. Descobri que, com EMDR, condições dissociativas provocadas por abuso sexual na infância podem ser curadas em um período de tempo anteriormente inconcebível, embora longe de ser "em velocidade máxima", como constataria nos casos de traumas discretos.

TRAUMA E O SISTEMA NERVOSO

O sistema nervoso humano desenvolve-se aos poucos, o que significa que as crianças têm menos proteção contra um trauma do que os adultos. Um bebê reage ao estímulo usando seu cérebro *reptiliano*, ou rombencéfalo, a área primitiva do cérebro que regula a respiração, o fluxo sanguíneo, e todas as outras funções básicas da vida. O cérebro *límbico*, ou mesencéfalo – ou cérebro mamífero, também se encontra ativo desde o início, promovendo as respostas iniciais de resposta de luta ou fuga, posteriormente desenvolvendo-se como a base do eu emocional. Gradualmente, o cérebro *pensante*, o neocórtex ou prosencéfalo, vai se ligando, permitindo-nos pensar, raciocinar, compreender ideias abstratas e a nos observar. Não se tem verificado a presença de TEPT em outros mamíferos que não os primatas; seres menos desenvolvidos parecem ter sido poupados das pequenas falhas que podem ocorrer em um cérebro mais desenvolvido – um cérebro que pensa.

Assim, um bebê registra um trauma no cérebro primitivo. Um bebê um pouco mais velho reagirá na região um pouco mais desenvolvida do cérebro; uma criança começa a ter acesso ao cérebro que pensa, embora não possa reagir da forma que um adulto faz - a compreensão sofisticada está muito além de suas condições. Quando as conexões de processamento de informações se rompem ou não se desenvolvem, o que costuma ocorrer nos casos de trauma intenso ou repetitivo, a dissociação provavelmente se dará. Se o trauma acontece na vida adulta, o indivíduo vai "saber" que o incidente e seus perigos acabaram, o que não o impedirá de sentir um pavor assolador. A criança, no entanto, "esquece" o que lhe aconteceu e é somente mais tarde, na adolescência ou vida adulta, podem emergir pedaços e porções da experiência traumática.

Um exemplo clássico do ressurgimento de trauma de abuso na infância pode ser visto quando uma mulher de vinte, trinta ou quarenta anos começa, repentinamente, a sentir sintomas estranhos e inexplicáveis: formigamento ou pressão nas zonas erógenas; imagens assustadoras vindo do nada; pânico inexplicável. Em casos graves, descobrirá que tem Transtorno Dissociativo de Identidade (TDI), e estados de ego com idades e personalidades distintas. Esses Eus podem ser masculinos ou femininos, crianças ou adultos, todos contidos no mesmo indivíduo e que "se manifestam" dependendo da situação (em um caso que conheço, uma das personalidades, um homem, bebia abundantemente; outra, uma mulher, era alérgica ao álcool). Pessoas que sofrem dessa condição podem encontrar em seu armário roupas que não se lembram de terem comprado, ou anotações que não se recordam de ter escrito, com caligrafia irreconhecível. Essa perda da realidade é dissociação, mas volto a afirmar, não é psicose. Constitui uma manobra desesperada de autoproteção de alguém que foi cruelmente abusado, lutando para manter o equilíbrio. Um psicótico não tem contato com a realidade, mas cada uma das personalidades em um portador de TDI está em contato no contexto de seu mundo.

OS ESTADOS DO EGO

Outra - mais comum e menos dramática – forma de dissociação é o fenômeno de *estados do ego*, também conhecido como E*us separados*. Todos temos, em diferentes medidas, aspectos distintos de nós mesmos que, às vezes, podem não parecer muito "nós"; mas são partes de nós que experienciamos na terceira pessoa. Em um exemplo simples, podemos ser ao mesmo tempo o crítico e o criticado. "Seu imbecil!", dizemos alto pra nós mesmos quando fazemos alguma besteira, ou "Como pôde ter errado assim?".

Cada um de nós pode ser adulto e criança, júri e criminoso, médico e paciente, professor e aluno – e sim, terapeuta e cliente. No curso de nossas vidas diárias, inconscientemente assumimos papéis adequados à nossa situação, adotando um comportamento, um tom de voz, um olhar e um aspecto que melhor se ajuste à circunstância. Um bombeiro só é bombeiro quando está apagando fogo; em geral, quando volta para casa, retira a roupa de bombeiro e seu "uniforme interno" – sua capa protetora. Estados de ego incluem nossa criança interna, o Eu adolescente, o Eu adulto competente, Eu crítico e Eu criticado, entre inúmeros outros.

STAN: CURANDO O EU CRÍTICO

Ao acessar os estados de ego, um terapeuta pode auxiliar pacientes a localizar e trabalhar com partes de si mesmo que se encontram perdidas ou fora de alcance. O olho da mente é perito no trabalho com esses Eus e, quando é intensificado com o EMDR, coisas impressionantes podem acontecer.

Recentemente tratei Stan, um executivo que, apesar de satisfatoriamente casado e profissional bem-sucedido, era incapaz de livrar-se da baixa auto-estima e passividade. Sua mãe sempre o comparava asperamente com seu pai e irmão, e ele acabou acreditando que não tinha nenhum valor e nunca teria. Ativando-o com estimulação bilateral sonora, sugeri que seu Eu crítico, negativo, poderia estar do lado de fora, na sala de espera. Orientei-o a chamar esse Eu pra dentro e avisar-me quando ele aparecesse. Quase imediatamente, informou que podia ver seu Eu hostil. Minha primeira pergunta foi uma tentativa de identificar onde esse Eu se sentia na escala de desenvolvimento.

"Quantos anos ele tem?"

"Seis."

"O que ele está vestindo?"

"*Shorts* e uma camiseta."

"Qual a sua expressão facial?"

"Seu rosto é feroz. Ele está zangado comigo."

Levei Stan a perguntar se esse Eu falaria diretamente comigo. Dando-lhe essa opção, garanti a ele escolha e controle, ambos essenciais na cura do trauma.

Perguntei ao Eu agressivo se ele era genuinamente forte ou se na verdade se sentia ferido e vulnerável.

"Estou sofrendo."

"Você gostaria de experimentar o EMDR?", eu perguntei.

"Claro, por que não? O que eu tenho a perder?"

"Você consegue ouvir o som bilateral que o seu Eu principal está escutando agora?"

"Consigo."

"Eu quero que você processe o que está lhe incomodando e me diga o que acontece.", eu guiei.

Esse jovem e crítico Eu deu início a seu próprio processamento e, em poucos minutos, foi capaz de estar mais benigno.

"Você consegue usar sua determinação e energia para objetivos construtivos, ajudando a você mesmo e ao seu Eu principal?"

"Consigo."

Dirigi-me, agora, ao Eu adulto de Stan.

"Você pode olhar para esse Eu criança e ver se consegue sentir compaixão por ele?"

"Eu me vejo colocando o braço em volta dos ombros do meu Eu de seis anos, que abaixou a guarda e parece estar mais vulnerável. Meu antigo Eu crítico se fundiu novamente em mim. Sinto-me mais integrado, mais em paz, mais confiante."

Estimulei Stan a se concentrar nesses sentimentos e a deixar que a estimulação bilateral os fortaleça. Quando retornamos à cena alvo, ela havia sido drasticamente modificada e o nível do SUDS, inicialmente preso no 7, baixou para 2. Essa abordagem pode soar irreal ou artificial, mas convido você a experimentá-la. Imagine, apenas, que seu Eu crítico está na sala ao lado, convide-o a entrar, observe sua idade e vestimentas, e deixe o diálogo fluir.

OUTRAS REAÇÕES AO TRAUMA

Em geral, não se considera que os ataques de ansiedade generalizada ou de pânico sejam condições que tenham o trauma como base. No entanto, o pânico pode ser a memória emocional dissociada de um fato que a pessoa viveu em alguma avassaladora situação anterior. Uma menina que dormiu no quarto dos pais até a idade de cinco anos, imobilizada pelo terror e a vergonha pelas imagens, sons e cheiros do ato sexual (situação conhecida como cena primal) pode, de repente, depois de adulta, passar a sentir medo em um elevador, um banheiro ou um avião. Sem tratamento, esse pânico pode transformar-se em medo de sair de casa, conhecido como agorafobia. A genética tem um papel significativo no desenvolvimento da personalidade, tanto quanto na vulnerabilidade à ansiedade, depressão, obsessão e adição. Mas quando o EMDR usa os sintomas como alvos, em geral emerge uma história de trauma.

Já vimos que os sintomas podem aparecer logo após o trauma ou permanecer adormecidos por meses, ou até anos. É possível que a relação dos sintomas com o trauma pareça ser inexistente, manifestando-se como dor física ou dormência, prazer reduzido no sexo ou em diversões, retardo psicomotor, sentimentos de desvalia, confusão ou pensamentos intrusivos de morte. O TEPT possui muitas formas e diversos graus de gravidade. A reação da pessoa pode ser normal (lembranças, ansiedade leve, medo não debilitante), patológica (dissociação), ou extremamente patológica (TDI), embora esses limites sejam, em geral, nebulosos. É impossível passar pela vida sem experimentar depressão. Se a depressão vai embora em poucos dias ou uma semana, é considerada normal e adequada, mesmo que a causa não seja identificada. Entretanto, sintomas graves que durem meses ou voltem regularmente indicam depressão clínica que pode ser dolorosa, debilitante e potencialmente perigosa. Tendemos a crer que nossa alegria e tristeza são determinadas mais por fatores externos que internos; contudo, a desesperança e a impotência costumam estar presentes mesmo quando as circunstâncias da vida são favoráveis.

Seres humanos são extremamente adaptativos. Com tempo e apoio suficientes, podemos, por conta própria, superar muitos traumas e os sintomas a eles relacionados. Na verdade, intuitivamente, reconhecemos nossas reações como sendo transitórias - o que, em si, constitui sinal de boa saúde. *Vou superar isso*, pensamos, ou *Isso me derrubou, mas logo estarei de pé*. A despeito dos diferentes níveis de força interior, a gravidade de um trauma ou de uma série de traumas pode exceder nossa habilidade de adaptação e de recuperação. É aí que a terapia entra em cena.

EMDR E O TRATAMENTO DO TRAUMA

Terapia verbal – seja psicanálise, terapia familiar sistêmica, terapia cognitiva, modificação comportamental, ou alguma outra forma - adentra o sistema por meio da região cortical do cérebro, a base da lógica e do pensamento. Mas o trauma afeta o cérebro mamífero ou emocional (de difícil acesso pela fala), o cérebro reptiliano, e o corpo (inacessível à troca verbal).

Aparentemente, o EMDR não só tem acesso a essas regiões cerebrais, mas tem também a habilidade de alterá-las. Quando os pacientes descrevem *e sentem* uma imagem ou memória negativa, estão ativando a área do sistema nervoso que as contêm – no corpo, no cérebro posterior, central ou frontal. Palavras não conseguem descrever algo que aconteceu quando éramos incapazes de falar, mas ao ativar imagens, sons, cheiros e sensações corporais, obtemos acesso ao cérebro primitivo. Evocar as emoções associadas à experiência sensorial pode ativar respostas primitivas vinculadas ao trauma. O que surge no processo não está alojado apenas no cérebro, mas também no corpo (no meu trabalho, não separo o cérebro do corpo), pois o cérebro é, na verdade, a central que faz funcionar o sistema nervoso. Assim, o EMDR é uma terapia "de baixo pra cima": ativa memória corporal, que viaja através das regiões primitivas do cérebro e, por fim, alcança o cérebro pensante para análise final e resolução. Em contraste, terapia verbal é uma abordagem "de cima para baixo": a informação adentra pelo córtex cerebral com acesso limitado ao cérebro emocional e ainda menos acesso ao cérebro posterior e ao corpo. É de se admirar, então, que a terapia verbal obtenha sucesso tão limitado em situações em que o corpo é o centro, como é o caso do TEPT?

O protocolo de EMDR ativa informação não processada no sistema nervoso. Estimulação esquerda-direita pode libertar esse material, mesmo que tenha estado congelado por duas semanas ou vinte anos. Estudo realizado pelo Dr. Stickgold sobre o sono com movimento ocular rápido (REM) – ciclos de sono necessários e pelos quais a pessoa passa inúmeras vezes por noite – demonstra que determinados fatos e sentimentos, estimulados tanto externamente quanto internamente, são processados à noite no âmago do cérebro.

Experiências que surgem durante o EMDR costumam ter uma qualidade meio onírica. O terapeuta utiliza a comunicação verbal para montar o protocolo, regular o fluxo de cenas e sentimentos, e, às vezes, até para direcioná-los. O paciente usa a fala para descrever o que está acontecendo: as lembranças, as emoções, as experiências corporais. Entretanto, a essência do trabalho de cura acontece internamente, rápida e poderosamente, e, com frequência, sem palavras, de tal modo que o próprio paciente não consegue saber exatamente o que ocorreu, quanto mais entender o processo.

Às vezes somente poucas palavras, além daquelas usadas para montar o protocolo, são necessárias. Há pouco tempo, tratei um rapaz de dezesseis anos que se encontrava profundamente perturbado, incapaz ou sem desejo de falar acerca daquilo que o magoava. Mesmo assim, concordou em submeter-se ao EMDR, sob a condição de que não precisaria discutir nada a não ser que quisesse.

Disse-lhe: "Eu quero que pense sobre a situação que está incomodando você". A resposta veio como um murmúrio: "Tá".

"Você consegue enxergá-la?"

"Sim."

"Está trazendo emoções dentro de você?"

"Sim, mas não quero falar quais são..."

"Você não precisa. Na verdade é até melhor que não fale. Só classifique seu grau de perturbação. De zero a dez, onde zero é tudo bem e dez é o pior possível, que nota você dá?"

"Dez."

"Onde você sente isso no seu corpo?"

"Nele todo."

Silêncio.

Ele colocou os fones de ouvido, ouviu música bilateral, *rock,* e reprocessou durante quinze minutos sem dizer uma palavra. Quando verificamos sua cena alvo pela primeira vez, a perturbação tinha caído para quatro. A segunda verificação indicou um e a terceira, zero. Será que resultados como esse poderiam ser alcançados com outra modalidade de terapia? De jeito nenhum. Compreendi que alguma coisa estava acontecendo no íntimo do meu paciente, algo profundo. Nunca saberei o que foi. Precisava saber? Bastava eu saber que a cura tinha modificado sua vida cotidiana. Por intermédio de sua mãe, soube que seu humor e comportamento melhoraram drasticamente depois daquela sessão.

O PAPEL DO TERAPEUTA

Isso não é pra dizer que o EMDR atua em um vácuo. O EMDR parece ser muito simples, mas, na prática, é bastante técnico. O terapeuta deve aplicar o protocolo e orientar o paciente e assim que o sistema começa a funcionar, muitas vezes surgem complicações inesperadas. A verdadeira resolução também é complexa, mentalmente e sistemicamente. O terapeuta precisa saber o que está fazendo em termos de diagnóstico e reconhecer as forças que podem entrar em ação durante o processo. E, apesar da natureza interna do EMDR, o terapeuta precisa ter habilidades de escuta acuradas para assimilar as comunicações que ocorrem em níveis múltiplos durante o tratamento.

Tomemos, como exemplo, o trabalho com o estado de ego. Em uma sessão, Terry, manicure de trinta e sete anos de idade, estava reprocessando um estado de ego, seu Eu crítico ("você é um fracasso"), quando outro Eu – uma parte "espiritual" oculta de si própria e oposta ao Eu crítico – surgiu do nada, iniciando um embate. Em outra ocasião, um Eu envergonhado escondia-se por trás do Eu crítico, e foi difícil diferenciar e negociar entre os dois. Com o passar do tempo, os dois Eus encontraram terreno comum e se reintegraram. Um terapeuta de EMDR precisa saber como localizar e acessar esses Eus díspares, e como interagir com eles. Para este processo, habilidades de diagnóstico e de tratamento são cruciais.

Alan, por exemplo, tinha um Eu criança amedrontado, intimidado por seu estado de ego adolescente e agressivo. Eles precisavam ser curados separadamente antes que se pudesse juntá-los para uma negociação supervisionada sobre questões relativas a assertividade e sensibilidade. Por fim, o processo ajudou a trazer a Alan harmonia interior e ele conseguiu resolver suas lutas internas.

O potencial de integração acelerada inerente ao EMDR propicia oportunidades para obter um nível mais profundo de resolução de conflito do que pode ser alcançado com a maioria das psicoterapias verbais. O EMDR ativa as áreas do sistema nervoso onde o trauma encontra-se congelado e, então, favorece o descongelamento e a resolução.

Entretanto, o processo integrativo é delicado (seria melhor não tentar com alguns pacientes portadores de TDI). Quanto mais prejudicado estiver o paciente, maior quantidade de apoio o terapeuta precisará dispensar. Mesmo uma pessoa extremamente ferida, com praticamente nenhuma autoestima, possui alguma área de força. A pergunta "Você tem alguma imagem de si próprio como um adulto competente?" busca a cena (muitas vezes para surpresa do próprio paciente), e o paciente poderá apossar-se dessa cena e da emoção a ela associada, fortalecendo-a com o auxílio da estimulação bilateral.

A principal questão para pacientes profundamente traumatizados é sempre a confiança. Para uma pessoa que tenha sido abusada por alguém de quem dependia, desconfiar inicialmente do terapeuta é uma reação mais do que apropriada. Seria bastante coerente se, no início do tratamento, o paciente questionasse: "Por que deveria confiar em você – ou em qualquer um?" Essa é a resposta natural para aqueles que experimentaram a anormalidade do abuso. Quando um paciente sofre uma situação traumática na vida adulta é um pouco mais fácil restabelecer a confiança – mas o tratamento possui complexidades e problemas próprios, já que, em geral, revela traumas ocorridos nas primeiras fases da vida.

CAPÍTULO 6 – Quase bom demais para ser verdade: Curando traumas de adultos

A maioria dos eventos traumáticos na vida adulta é discreta. São incidentes que ocorrem uma vez na vida e podem durar um curto segundo ou várias horas. Um acidente de carro ou um assalto são dois exemplos; a morte súbita de um pai ou mãe em virtude de um ataque cardíaco ou acidente, é outro. A gravidade do trauma e a consequente facilidade relativa do tratamento é diferente em cada exemplo. Outra variável é a estrutura da pessoa traumatizada, tanto no sentido genético quanto no psicológico. Algumas pessoas parecem superar incidentes horríveis com poucos ou até nenhum sintoma; outras ficam traumatizadas por eventos que, para a maioria das pessoas, podem ser toleráveis. Em certo grau, todos nós sofremos traumas no decorrer de nossas vidas – até a rejeição por parte de um(a) namorado(a) deixa sua marca. Todos nós iremos reagir de maneiras diferentes, apesar de compartilharmos uma série de sintomas comuns.

A guerra é a principal causa de trauma para adultos, para civis e também para militares. Traumas decorrentes da guerra podem ser discretos (o soldado ferido no primeiro dia de combate) ou extensos e repetidos (a ferrenha luta no Vietnã durante anos a fio na selva). Neurologistas têm demonstrado, por meio de tomografias cerebrais, que em pessoas sujeitas a trauma prolongado, o hipocampo – a região do cérebro que recebe fatos objetivos e os repassa para a amígdala, para obter a resposta emocional, e para o neocórtex, para ser "analisado" - encolhe, reduzindo e impedindo muitos níveis do funcionamento cerebral. Nos adultos sobreviventes do Holocausto, vítimas do pior trauma infligido pelo homem sobre o homem, a capacidade de cura psicológica, neurológica e sintomática é drasticamente diferente, inclusive quando comparada aos veteranos do Vietnã, pois a natureza do trauma foi tão profunda e específica.

O EMDR pode curar tais traumas tão profundos, se não totalmente, ao menos em certo grau, embora nesses casos o termo "em velocidade máxima" é relativo. Comparado com a terapia verbal, o processo de cura será muito mais rápido; já acompanhei um tratamento empregando sessões de EMDR uma ou duas vezes por semana que durou dois anos e alcançou resultados que vinte anos de terapia comum não consegue. Quanto mais prolongado o trauma, mais difícil solucioná-lo. Todavia, miraculoso como seja, o EMDR não é uma panacéia. Feridas psíquicas são, por vezes, profundas demais para serem curadas por completo.

TRAUMA DISCRETO: A MORTE DE UM ENTE QUERIDO

Quando morre um parente de oitenta anos de idade de causa natural, seus filhos adultos sofrem o luto, mas é improvável que fiquem traumatizados. A filha (ou o filho) tem uma *expectativa* da morte – é a ordem natural das coisas – e passará pelos estágios do luto e da dor até resolver a situação. Mas caso o luto se prolongue demais ou a pessoa não consiga superá-lo, caracteriza-se o surgimento de um sintoma patológico, provavelmente suscitado por trauma anterior e que necessita tratamento.

No caso da morte súbita, a dinâmica é diferente. O inesperado assume um papel proeminente e, invariavelmente, resultará em trauma agudo (o inesperado constitui fator crucial no TEPT). A criança de onze anos cujo pai morre de um ataque cardíaco será afetada de modo distinto de um homem de cinquenta e um cujo pai também falece repentinamente. O adulto ainda assim precisará passar pelos vários estágios do processo de cura – porém a perda, para ele, é menos chocante, menos traumática. No entanto, se o pai permanece enfermo durante muito tempo, ainda que haja expectativa de morte, o efeito acumulado da doença costuma aumentar a dimensão do trauma.

Cada indivíduo responderá de maneira distinta ao falecimento de um ente amado, dependendo de sua constituição (estrutura genética e química cerebral) e experiência de vida. A reação, no entanto, tipicamente deve estar dentro de um conjunto de expectativa e, caso contrário, "as antenas" do terapeuta deverão identificar o fato. Se, por exemplo, a criança de onze anos que perdeu o pai repentinamente por um ataque cardíaco não apresentar nenhum sintoma, nem sinais de trauma, o terapeuta deve ficar alerta e pesquisar mais a fundo. Toda ação leva a uma reação. Se ela não acontece de forma direta, aparecerá por outros caminhos. Pode emergir na somatização, em dores de cabeça ou de costas ou no comportamento, por meio de trabalho compulsivo ou de embotamento. A variabilidade da resposta humana é extraordinária. Mas do mesmo modo que um detetive procura indícios além do óbvio, identificando pistas ocultas, o terapeuta procura sinais sutis que, somados, apresentam os indicativos conclusivos do trauma.

No meu trabalho, se a gente erra é normalmente porque o paciente aparenta estar melhor do que deveria estar naquelas circunstâncias, não pior. O terapeuta deve levar em conta não somente a situação específica do paciente, mas também sua história de vida, o que ele diz e, mais importante ainda, o que ele não diz. Um trauma ocorrido na vida adulta que não se resolve da maneira esperada está normalmente montado sobre um trauma de infância. Revelar essas experiências subjacentes implica um processo de tratamento mais desafiador.

ELLA: UMA CRIANÇA É ASSASSINADA

Ter que enfrentar a morte de um filho produz uma ferida que pode nunca ser curada. Quando a perda decorre de um assassinato, a dor vai além da agonia.

Existem, em todo o país, redes de apoio para pais de filhos assassinados e o meu trabalho com EMDR na cura do trauma levou-me a me envolver nessa área. Admirava o trabalho iniciado por Elaine Alvarez, terapeuta e facilitadora de EMDR, no Projeto Cidades do Interior para uma organização do EMDR denominada *Humanitarian Assistance Program – HAP* (Programa de Assistência Humanitária). O local que escolhi para desenvolver o meu trabalho com EMDR foi a região de Bedford-Stuyvesant, do Brooklyn, pois era próxima à minha casa e os moradores precisavam desesperadamente de ajuda. Assistindo a um programa de televisão, soube de um grupo, naquela área, conhecido como PURGE (expurgar), integrado por mães que perderam seus filhos para a violência das armas de fogo. (Um dos componentes básicos do trauma provocado pela perda de um filho é a ausência de escolha e de controle. A irmandade do PURGE auxiliava a aliviar a perda iniciando um processo judicial contra os fabricantes de armas de fogo. Pelo menos as mulheres tinham a impressão de que "existe alguma coisa que eu possa fazer").

Ao favorecer um contato entre a HAP e o PURGE, esperava obter a confiança do grupo e o acesso à comunidade para abrir a possibilidade de treinamento gratuito para terapeutas locais usarem o EMDR. Assim, procurei as cofundadoras do PURGE, Yvonne Pope e Freddie Hamilton, duas mulheres cuja coragem transformou-as em modelos inspiradores para mim. O filho de Yvonne fora assassinado dois anos antes. Ela já se submetera a terapia, mas achava que o terapeuta não conseguia se vincular com o seu sofrimento. Quando ela lhe informou que o espírito de seu filho a visitou após sua morte, o terapeuta tentou persuadi-la de que isso não tinha acontecido. Para continuar acreditando, abandonou o tratamento.

Yvonne concordou em experimentar o EMDR. Realizamos uma sessão de noventa minutos, durante a qual os sintomas de TEPT, *flashbacks,* hipervigilância e culpa irracional foram expressivamente reduzidos. Durante o reprocessamento, ela novamente vivenciou a visita do filho. Ela ouviu-o dizer, "Eu estou bem. Sempre estarei com você, cuidando da família". Essa foi uma profunda experiência de cura para ela e extremamente emocionante para mim também. Uma sessão de acompanhamento reforçou seus ganhos e a ajudou a progredir em seu processo de recuperação.

Essas sessões convenceram Yvonne do poder do EMDR. Ela convidou minha colega, Elaine Alvarez, e a mim para uma reunião do PURGE. Seria sábado à noite, em Bed-Stuy, onde falaríamos aos demais membros do grupo sobre o EMDR. Havia oito mulheres na reunião e várias delas manifestaram interesse no funcionamento do EMDR. Elaine e eu nos oferecemos para dar-lhes uma experiência direta. Elaine levou uma das mães para outra sala, mas uma mulher forte chamada Ella, de olhar sofrido, optou por fazer a sessão diante das outras; segundo ela, para obter o apoio delas. Concordei de imediato com sua determinação de escolha e controle.

Cinco anos antes, o filho de Ella, Martin, rapaz de dezesseis anos, estava jogando basquete com um grupo de amigos quando foi desafiado por outro rapaz que não gostara do fato de Martin ter conversado com a sua namorada. O adolescente saiu, retornando com uma arma e, sem aviso prévio, às 3h14 da madrugada, exatamente, atirou em Martin e o matou. Ella foi chamada na mesma hora e correu para o lado dele, mas sequer teve a oportunidade de despedir-se – ele já tinha partido.

Ela iniciou a sessão com o seguinte desafio: "Como homem, você nunca será capaz de compreender isso. Sinto como se meu cordão umbilical ainda estivesse conectado a Martin." Usando os fones de ouvido, fizemos a estimulação bilateral, e Ella alternou entre emoções de dor e de raiva. Todas as cenas passaram por ela: o telefonema, correr para o lado de Martin, o corpo coberto com um lençol, sua mão fria, o som da ambulância que o levou, o funeral, os dias e meses que se seguiram.

Nos cinco anos depois do assassinato, Ella nunca conseguiu dormir antes das 3h14, hora em que Martin foi morto. Ela precisava estar no trabalho às 7h, portanto, estava sempre com sono e exausta. Às 3h13, estava acordada; às 3h15, dormindo. Era irritante, um sintoma fascinante, demonstrando, mais uma vez, como os sintomas têm embasamento biológico. Além de reprocessar todos os aspectos do incidente e os efeitos posteriores, levei Ella a usar o problema do sono como alvo. Ela conseguiu imaginar-se dormindo antes das 3h14. "Só vou acreditar quando isso acontecer", comentou.

No final da sessão, ficou surpresa ao perceber que as cenas que a assombraram por tanto tempo haviam desvanecido e sua dor, diminuído. Ela agradeceu-me pelo esforço e ao grupo, pelo apoio. As outras mães, todas as quais perderam filhos (em alguns casos mais de um), pareciam ter compartilhado sofregamente a experiência de cura.

Três dias depois, Yvonne me ligou. Relatou que na noite anterior, assim como nas duas noites anteriores, Ella dormiu cedo e a noite inteira. Em acompanhamento feito seis meses mais tarde, os resultados foram confirmados e estavam mantidos.

Meu contato com essas corajosas mulheres provocou em mim sentimento de respeito. Como será que eu enfrentaria uma tragédia semelhante? Também fui assombrado pelas histórias de mães que voltavam para casa após a morte de um filho, e nunca mais sairam.

Um ano depois, realizamos o treinamento para os terapeutas da comunidade de Bedford-Stuyvesant. Vinte e cinco terapeutas de agências comunitárias foram treinados e o EMDR ainda hoje auxilia pessoas que precisam dele desesperadamente.

Treinamentos semelhantes foram feitos em Newark, New Jersey, Washington, D.C., Oakland, Califórnia, e mais.

E uma porção de pacientes em sofrimento receberam cura.

TRAUMA FÍSICO

O tipo mais comum de trauma leve é um acidente de carro. Seus efeitos sobre você dependerão de uma série de variáveis: se você se feriu, e se sim, qual a gravidade e quanto tempo levará para sarar; se mais alguém se machucou ou morreu, e que tipo de relação mantinha com essa pessoa; se era motorista ou passageiro; se a culpa foi sua ou do outro motorista. Caso a pessoa fique permanentemente desfigurada no acidente, a extensão da cura desse trauma fica bastante limitada. Entretanto, apesar da limitação para a cura emocional – uma vez que a desfiguração, em si, será lembrança permanente do acidente – o EMDR *pode* ajudar.

A memória visual constitui componente relevante das experiências mais profundas. Mas em um acidente de carro, o som (da batida) e o cheiro (da gasolina, por exemplo) podem causar uma impressão mais forte que podem passar despercebidas na terapia.

Recentemente, supervisionei um terapeuta de EMDR que estava tratando uma mulher que bateu com seu carro em um veado. Ela sobreviveu com ferimentos leves, mas o passageiro, amigo próximo, morreu. Após várias sessões, o nível de SUDS da paciente não baixava de 2. Perguntei-lhe:

"Você reprocessou toda a cena?"

"Sim."

"O som?"

"Também."

"O cheiro?"

"Xiii! Esqueci-me de perguntar."

O terapeuta fez outra sessão com a mulher. Não era o cheiro da gasolina que mantinha o trauma, mas o cheiro do sangue do veado. Uma vez reprocessado esse cheiro, o SUDS caiu para 0. Mais uma vez, isso não significa que a dor da motorista pela perda do amigo desapareceu; essa perda era recente e permanente. Nada poderia modificar essa realidade cruel. Mas terapia com EMDR permitiu sua integração no sistema nervoso. O que *sim* desapareceu foram os sintomas de TEPT, neste caso, *flashbacks* (incluindo cheiro), hipervigilância e culpa irracional.

Ao reprocessar um trauma decorrente de um assalto ou estupro, a vítima deve superar a lembrança da sensação física do ataque e, em geral, no caso da violência sexual, a recordação do forte odor. A resposta ao EMDR de um sobrevivente de estupro pode ser influenciada pelo fato de o estuprador ter sido preso ou não, e o lugar onde o incidente ocorreu. Entretanto, em todos os casos em que houve agressão física, os pacientes apresentam um conjunto semelhante de sintomas: *flashbacks*, hipervigilância, pesadelos, amnésia dissociativa, e outros similares. Enquanto o incidente permanecer congelado no sistema nervoso, independentemente da razão, os sintomas se expressarão de modo universal.

Considerando as circunstâncias reais de sua vida, se a vítima está em segurança verdadeira, o trauma tende a ser mais simples de resolver. Se o perpetrador está preso, a crença de que "vai acontecer de novo, com certeza" é claramente distorcida. Se o estuprador está solto e nas ruas, a crença de que "ele vai voltar e me pegar" pode ser muito forte, mas esse pensamento tem certo fundamento. Situações não resolvidas impedem a capacidade de a pessoa aceitar, por completo, a ideia de que o incidente traumático está no passado e que ela tem segurança e pode seguir com sua vida agora.

CLÁUDIA: CAPOTAGEM EM UMA ESTRADA RURAL

Cláudia, uma senhora de cinquenta e cinco anos de idade com espírito jovem e sociável, adorava dirigir. Seu emprego de assistente legal implicava a necessidade de viajar para diversos lugares da comunidade no interior de Nova York onde ela vivia e trabalhava. Além disso, às vezes saía para dirigir por puro prazer, principalmente nas noites de verão, com seu ar fresco e céus reluzentes com estrelas. Então, há quatro anos, dirigia seu Nissan de duas portas por uma estrada rural que achava estar deserta, quando sofreu uma batida por trás.

O motorista do outro veículo, um Corvette, estava completamente embriagado. Estava a mais de cento e quarenta quilômetros por hora quando bateu no Nissan; não havia nenhuma marca de derrapagem no chão indicando que ele tinha ao menos tentado evitar o choque. O Nissan capotou quatro vezes, parando sobre a lateral, com Cláudia presa nas ferragens. Ficou desmaiada por algum tempo e quando despertou sentiu o penetrante cheiro de gasolina. O motor ainda estava em funcionamento. Cláudia entrou em pânico, sabendo que havia grandes chances de o carro pegar fogo, no entanto, foram vinte minutos de esforço sobre-humano só para alcançar a chave na ignição. Mesmo depois de desligar o motor, quase sufocou com o cheiro e demorou quase uma hora para que a polícia conseguisse soltá-la das ferragens, e ela pudesse respirar ar fresco. O homem que bateu nela não sofreu nenhuma lesão e fugiu, deixando o carro para trás. Não foi difícil localizá-lo - era um proeminente e bem relacionado filho de um comerciante local - mas ele não foi processado, nem mesmo por dirigir alcoolizado.

Os ferimentos de Cláudia foram graves: escoriações profundas, perna quebrada e um braço esmagado. Sua cura física foi até rápida, mas nove meses depois, procurou-me para curar o prejuízo emocional.

Investimos os noventa minutos inteiros de nossa sessão dupla inicial para colher a história. Ela tinha questões antigas, assim como todos nós, mas nenhuma delas parecia profunda e eu estava convicto de que usaríamos como alvo o trauma do acidente. Uma coisa era certa, ela não conseguia mais dirigir e também ficava desconfortável quando algum amigo a transportava ou quando saía à noite.

Usando o EMDR, começamos a reprocessar o acidente. O mais forte para a Cláudia era o cheiro, depois a sensação de capotagem, e só então, o som da batida e do motor em funcionamento. Por fim, havia a imagem do para-brisa estilhaçado, que parecia corresponder a seu próprio corpo quebrado e à sua mente em frangalhos.

Por meio da estimulação bilateral, a paciente revê a cena gradualmente, como se estivesse assistindo a um filme com velocidade extremamente lenta, literalmente, quadro a quadro. A seguir, a sequencia de cenas acelera. Cláudia e eu passamos todas as cenas, desde a batida até a chegada da polícia e dos paramédicos levando-a, às pressas, para o hospital no meio da noite. Surgiram questões sobre quais os amigos e familiares que estavam lá por ela, e quais não. Um dos traumas básicos estava no fato de o outro motorista ter escapado a qualquer tipo de punição – injustiça constitui tema comum em vítimas de trauma.

Uma semana depois, Cláudia retornou para a segunda sessão. Seu grau de perturbação fora reduzido de 10 para 4. Orientei-a a percorrer a sequencia do acidente três vezes, fazendo uma delas de trás para frente, abordagem incomum que, intuitivamente, achei que poderia ajudar. Como sempre, perguntei: "Você gostaria de experimentar?", ao que, prontamente, concordou. Ao final da sessão, seu grau de perturbação havia chegado a zero. Todavia, ainda resistia à ideia de pegar no volante de um carro e foi levada para casa por uma amiga.

Não havia pânico nessa resistência. Seu cérebro – o que é normal em situações de trauma – não conseguia entender que seria seguro dirigir novamente, pois ainda não tinha experimentado novamente. Realizamos uma sessão simulada em que posicionei minha cadeira ao lado da dela para imitar a posição do carro, mas não foi suficiente para romper o impasse.

Em algumas ocasiões, terapeutas precisam deixar a segurança do consultório e essa era uma delas. Determinado a tornar-me o "instrutor de re-direção" de Cláudia, sugeri que pedisse o carro de sua amiga emprestado.

Sua amiga levou-a até meu consultório e deixou-nos com o carro. Cláudia permaneceu no lugar do passageiro e eu dirigi até uma rua deserta e sem saída. Entreguei-lhe o aparelho contendo pulsadores vibratórios alternados (denominado *TheraTapper*) e ela colocou-os um em cada sapato para obter a estimulação bilateral; quando trocamos de lugar, assegurei-me de que eles não atrapalhariam quando ela começasse a dirigir. Antes, porém, realizamos, mais uma vez, uma direção simulada.

Então, perguntei: "Você está pronta para tentar?".

Ela era durona e, com voz firme, respondeu, "Sim".

Eu sabia que seria perigoso se ela não estivesse pronta, por isso instruí-la a dirigir até onde havia um carro estacionado, uns dez metros adiante. "Não quero que vá além do carro", adverti. A seguir, pedi-lhe que dirigisse quinze metros; depois, o quarteirão inteiro. Mais processamento bilateral era feito a cada experiência positiva.

Finalmente, perto do fim da sessão, informei-lhe que era hora de retornar ao consultório.

Radiantemente, ela disse: "Eu dirijo!".

Recostei-me no assento do passageiro. "Ótimo. Você pode me deixar na frente do prédio."

TRAUMA DE COMBATE

Depois da I e da II Guerra Mundial, muitos veteranos retornam com o que se rotulou de "neurose de guerra" ou "fadiga de luta". Frequentemente levavam suas vidas confinados a hospitais próprios para veteranos de guerra ou tinham medo de sair de casa. Esses homens tinham TEPT grave e poderiam ter recebido mais apoio se soubéssemos, naquela época, o que sabemos hoje. Alguns deles ainda estão vivos, e estão restritos a hospitais. Caso por caso, eu acredito, a angústia de alguns ainda pode ser aliviada.

A volta dos veteranos do Vietnã, traumatizados por uma guerra que não conseguimos vencer, fez com que a expressão TEPT passasse a representar o diagnóstico de uma categoria. A Guerra do Vietnã foi singular. O trauma foi intensificado porque havia poucas regras ou convenções a serem seguidas pelos combatentes. Era aterrorizante estar no meio da selva com o calor, as cobras, a lama, os sons e cheiros, e os vietcongues usavam esse pavor como uma arma psicológica consciente. Os soldados eram capturados e torturados, e seus gritos de socorro atraíam seus companheiros para fora da área de proteção, onde podiam ser alvejados. Exposição pública das cabeças decapitadas era normal – dos dois lados. Em Saigon, mulheres, crianças e idosos que se relacionavam com você durante o dia, poderiam tornar-se assassinos ao cair da noite. Um estado de alerta, que viria a ser denominado hipervigilância "norte-americana", era imprescindível para sobreviver "no campo". Um belíssimo paraíso, em circunstâncias diversas, continha atrocidades inexprimíveis. Ambos os lados foram testemunhas à devassidão; em ambos restaram psiquismos mutilados e almas assombradas.

Se os soldados tivessem retornado na condição de heróis, o trauma poderia ter sido menos intenso. Em vez disso, quarenta e oito horas após terem sido retirados da área de combate, encontravam-se em casa com pouca ou nenhuma explicação, vitimados pela negação e menosprezo nacional. Essa situação somente exacerbava os sintomas do trauma, já tão graves que muitas vezes eram erroneamente diagnosticados como psicose.

Eu mesmo não fui recrutado em virtude de um adiamento por ser estudante, mas quando percebi que poderia ajudar os veteranos do Vietnã com TEPT, comecei a procurar por eles. Para mim, era uma honra auxiliar esses homens e mulheres. Eles haviam sacrificado tanto; por meio do EMDR, eu poderia agradecer-lhes.

TIM: SOLDADO DO INFORTÚNIO

Tim me procurou depois que todos os outros tratamentos, psicofarmacológico e psiquiátrico, individual e em grupo, falharam. Seus terapeutas o rotularam de "não cooperante". Informou-me que esta era sua "última esperança", mas, na verdade, parecia não ter esperança alguma.

Tim parecia mais um robô. Sua expressão facial era austera, sua postura corporal rígida, sua voz sem inflexão. Falava em monotonia. Para mim, era doloroso e assustador estar junto a ele. Com altura mediana, a sua aparência não era ameaçadora, mas seu conhecimento de como matar chamava minha atenção - ele parecia ter prazer em escandalizar-me recontando, nos mínimos detalhes, as centenas de maneiras diferentes. Ao final de cada sessão, seus olhos se trancavam nos meus – e o rapaz sabia encarar.

Perguntei, quando aconteceu pela primeira vez: "O que você está fazendo?"

"Estou tentando enxergar tudo, até o fundo do seu cérebro", respondeu.

Os quase dois anos que Tim passou no Vietnã foram praticamente a combate. Agora, vinte e oito anos depois, *flashbacks* tridimensionais das experiências vividas pontuavam seus dias. *Flashbacks* não são raros ("vejo como se tivesse acontecido ontem"), mas os de Tim eram diferentes. A qualquer hora do dia ou da noite, ele era involuntariamente carregado para o Vietnã. Era envolvido pelo calor, as visões, os cheiros, os sons do combate na selva, e era retraumatizado repetidas vezes em um ciclo interminável de angústia. Foi recrutado aos vinte e sete anos, bem depois da maioria dos soldados. Quando retornou, pouquíssimo contato significativo foi possível entre ele e sua família, muito embora eles tentassem oferecer apoio. Ele estava perdido no emaranhado das terríveis visões e sons.

Flashbacks não eram os únicos sintomas de Tim. Insônia, dores de cabeça, intratáveis dores nas costas e dificuldade respiratória eram uma praga na vida dele. O pior de tudo, no entanto, era seu esmagador sentimento de culpa. Uma vez, esteve cara a cara com um menino de doze anos no crucial impasse de "matar ou morrer". Sua escolha foi sobreviver. Sabendo o quanto poderiam ser letais para ele e seus companheiros, "acabou" com soldados inimigos que se encontravam feridos, deitados ao lado do caminho e implorando para serem poupados. Em uma ocasião, deparou com cinco soldados aliados que haviam capturado um vietcongue e o torturavam até a morte. Apesar de sua imensa repulsa, juntou-se a eles, pois sabia que, caso contrário, se voltariam contra ele. O principal objetivo de Tim era retornar com vida – e isso ele conseguiu. Contudo, era perseguido pela consciência do que praticara e por sua incapacidade de perdoar-se. Desesperadamente precisava de minha ajuda e eu prometi dar-lhe tudo o que conseguisse.

No início, Tim mostrou-se reticente quanto a compartilhar comigo muitas das suas experiências, pensando que eu poderia "delatá-lo" e ele teria que enfrentar processos decorrentes de suas ações. Gradativamente, no entanto, começou a se abrir. Passou a acreditar que eu poderia ajudá-lo.

No consultório, Tim era gráfico e criativo. Uma vez, apontou para um nó existente na parte inferior da madeira do portal e disse: "Esse nó é uma ferida de bala e os desenhos à sua volta são o sangue". Ele ficou agachado para poder indicar o local da ferida e mostrar o fluxo do sangue. Qualquer filme ou documentário sobre Cruzadas ou conquistas romanas era um disparador. Contou-me que frequentemente ficava acordado no meio da noite porque não conseguia adormecer ou porque era despertado por um pesadelo. Estar com seus filhos aumentava sua angústia por ter matado crianças – de fato, atirou em uma menina adolescente que jurava parecer-se com sua filha de dezesseis anos, principalmente por sua inclinação para vestir preto. Não conseguia olhar no rosto de sua filha sem enxergar os olhos da vietnamita fixos nele.

Não tinha adquirido prazer em matar; apenas fazia o seu trabalho e mantinha-se vivo da melhor forma possível. Tínhamos uma sessão de noventa minutos, uma vez por semana, e, lentamente, os sintomas traumáticos começaram a ser desbloqueados.

Se imagens podiam ferir, também podiam curar. Na tentativa de instalar a ideia de preservação da vida, pedi a ele que considerasse não somente todos os soldados inimigos que tinha matado, mas quantas vidas teriam sido salvas em decorrência disso. Para cada pessoa morta, ele calculou ter salvado cinquenta vidas, totalizando o salvamento de quinhentos soldados americanos. Perguntei se ele poderia imaginar esses homens reunidos. Estimulado pelos sons bilaterais, visualizou todos os soldados em um salão de veteranos de guerra, de volta a seu país em segurança. Seguindo minha sugestão, visualizou todos os familiares dos soldados entrando naquele lugar e, a seguir, enxergou uma sala entulhada de pessoas vivas e felizes. Essa cena, orientada por mim, mas conjurada por ele, representou uma afirmação concreta e fundamentada na realidade (em lugar da cognição abstrata "Eu sou uma pessoa de valor" – conceito que ele tinha muita dificuldade de aceitar). Imaginou-se liderando os soldados pela selva até uma clareira onde um helicóptero os levaria para um lugar seguro. Essa foi uma parte profunda de sua cura, pois lhe abriu um caminho para fora da selva em que ele estava, literalmente, preso.

Continuando o reprocessamento, os *flashbacks* deixaram de ser em 3D e passaram para cenas planas; os cheiros e sons também foram reduzidos e as imagens desvaneceram ou embaçaram. Algumas desapareceram, outras foram mantidas e eu me perguntei se Tim poderia ter sofrido encolhimento do hipocampo, que não poderia ser superado. Promovi uma sessão conjunta com a presença dele e da filha, o que o ajudou a se aproximar dela, e a caminhar com ela pela praia. A praia tinha um enorme significado para ele e relatou-me que, uma vez, usufruindo uma licença de recuperação, estava tão embriagado que adormeceu e, ao acordar, encontrou um adolescente vietnamita mexendo na sua mochila com uma espingarda. Muitos soldados teriam atirado no rapaz na mesma hora, mas não era uma área de combate e Tim apenas o espantou, fazendo-o fugir. Reprocessamento com EMDR possibilitou-lhe integrar esse ato de cuidado, assim como o de tornar-se amigo de um órfão vietnamita, a ponto de ensinar-lhe a ler.

Fomos capazes de instalar a crença de que ele não era um assassino a sangue frio merecedor do inferno, mas um homem capaz de fazer "a coisa certa". Minha postura não preconceituosa e de apoio, além de meu respeito e admiração verdadeiros em relação à sua coragem, auxiliaram-no a sentir-se valoroso. Ele havia alcançado seu objetivo no Vietnã, o de voltar vivo para casa. Ele voltou e, juntos, redescobrimos o quanto esse propósito tinha sido positivo.

Trabalhamos por um ano e meio e, embora não tenhamos obtido cem por cento de cura dos sintomas, a melhora de setenta e cinco por cento representou um de meus maiores êxitos na condição de terapeuta de EMDR. Desde o início acreditei na capacidade de cura de Tim com EMDR, mesmo depois da desistência de uma equipe inteira de terapeutas. Há seis meses, ele me ligou para informar sobre o seu progresso. Conseguiu travar contato emocional com sua esposa e seus filhos e, embora, às vezes, se retraísse, sempre retornava – mais rapidamente agora do que antes.

CAPÍTULO 7 - Libertando-se: Curando eventos traumáticos de infância

Algum tipo de trauma infantil é "pior" que todos os outros? A resposta é complexa. Depende da genética da vítima, de sua personalidade, do ambiente e da gravidade do trauma sofrido. Abuso verbal, por exemplo, é uma forma de assassinato da alma e pode ser tão ruim quanto uma surra; testemunhar violência familiar (abuso indireto) pode prejudicar uma criança tanto quanto ser a vítima direta.

Abuso sexual tende a criar o pior prejuízo, mesmo que assédio sem penetração. Mas não podemos comparar sofrimento humano; vítimas de abuso verbal e abandono emocional também carregam dores existenciais que podem, muito bem, exigir atenção por parte daqueles que oferecem a cura.

Embora haja registro documentado de pessoas que se recordam de situações ocorridas quando tinham entre três a seis meses de idade, é difícil saber em que ponto começa nossas lembranças de infância. É possível, inclusive, que tenhamos lembranças de experiências intrauterinas e, de acordo com Otto Rank, a experiência do nascimento, em si, constitui um trauma significativo. Será? Não sei. O que *é possível* saber é que nos lembramos por meio dos sintomas. Ataques de pânico, humor deprimido, reações raivosas podem todos ser lembranças de estados emocionais decorrentes dos incidentes que os provocaram.

Quando um paciente carrega um trauma de infância, esse trauma logo emergirá com EMDR, a não ser que esteja enterrado sob outras camadas de trauma. O acesso poderoso e direto que o EMDR tem ao sistema nervoso ativa e revela lembranças traumáticas, e também provê o instrumento para compreender e curá-las. Até hoje, fico surpreso com o fato de que uma porção tão grande do reprocessamento do paciente seja interna e acelerada, a ponto de eu não conseguir identificar a maior parte do que leva às incríveis mudanças. Acho difícil, às vezes, aceitar essa perda de consciência e de controle. Mas trata-se de um lembrete importante de que o potencial de cura está quase que inteiramente no próprio paciente.

NED: TRAUMA E O REPÓRTER

Ned era repórter de um jornal, a serviço no sul do Texas, fazendo a cobertura sobre imigrantes cruzando ilegalmente a fronteira. Esses homens e mulheres tentavam entrar nos Estados Unidos passando por dentro do Rio Grande, às vezes em sua parte mais larga, mais profunda e mais turbulenta, e alguns morriam afogados nessa tentativa. Há um redemoinho no rio que acabava amontoando os cadáveres no lado dos Estados Unidos, para onde Ned era frequentemente chamado para investigar. Em certas ocasiões, ao passar de carro por ali, vindo do trabalho, chegou a ver corpos recém-chegados naquele local.

Conheci Ned em uma conferência de imprensa no Texas, onde a questão do trauma ocupacional surgiu. Ned escrevera suas histórias sobre a imigração alguns anos antes e ainda ficava perturbado pelo que viu, mas subestimava a gravidade de seus sintomas. No mundo do jornalismo, pressupõe-se que repórteres serão regularmente expostos a situações estilo pesadelo e é de aceitação comum que desenvolverão o que um clínico diagnostica como sintomas de TEPT. De fato, quando um repórter experimenta *flashbacks*, entende que são ossos do ofício e os ignora.

Enquanto Ned e eu conversávamos, salientou, enfaticamente, que repórteres investigativos, assim como policiais, maquinistas ferroviários e técnicos de pronto-socorro, sofrem, regularmente, sintomas de trauma com os quais têm que conviver. Sugeri que experimentasse o EMDR, na expectativa de que, se funcionasse para ele, Ned espalharia a notícia para outros repórteres, informando-lhes que havia um tratamento veloz e eficaz disponível.

Ned concordou em experimentar uma breve demonstração. Sua imagem alvo foi o redemoinho e o cheiro dos cadáveres. Apesar de serem duas coisas distintas, para ele, estavam conectadas. Sua cognição negativa era "a vida é descartável", o que, de certa forma, é verdade, claro, mas para Ned tomara um sentido traumático específico. Com a imagem alvo apareceu o som de água girando. Havia em sua memória a lembrança de trabalhadores colocando os corpos em um caminhão e de estar sentado em seu carro enquanto o caminhão passava, inundando seus sentidos com o cheiro de morte. "Era um cheiro como nenhum outro. Nunca antes, ou depois, senti um odor como aquele. É pior que horrível." Seu rosto apresentou sinais de enjôo. "Não só consigo sentir o cheiro, mas posso também sentir o gosto, está em minha boca neste momento."

O cheiro pode ser o mais poderoso de nossos sentidos (fato bastante conhecido pelos produtores de perfumes) e esse odor impregnava Ned anos após o incidente. Seu nível de perturbação era alto, 8 ou 9, e sentia ansiedade queimar a garganta, o peito e o estômago. Durante o reprocessamento com EMDR, surgiram inúmeras cenas de traumas experimentados no seu trabalho. Seu nível de SUDS caiu rapidamente, mas estacionou em 2. A imagem do redemoinho desvaneceu, mas não sumiu; o cheiro diminuiu, mas também não desapareceu completamente.

Terapeutas de EMDR inexperientes costumam pensar que em casos dessa natureza, esse é o máximo que o paciente consegue alcançar. Mas a perturbação residual de Ned era, na verdade, uma indicação diagnóstica de que havia mais, algo ainda não revelado. Pedi-lhe que deixasse a mente vaguear até sua infância, pressentindo que poderia emergir alguma coisa relacionada. Quase que de imediato, seu nível de perturbação pulou para 6. De repente, ele tinha cinco anos de idade.

"A gata. Nós vivíamos em uma fazenda. Uma existência realmente rural e dura. Em uma ocasião a gata teve filhotes. Eu assisti. Em seguida, meu pai entrou, pegou os gatinhos, colocou-os em um saco com umas pedras, foi até o riacho e jogou tudo ali." Ele balançou a cabeça. "Engraçado. Nunca mais tinha pensado sobre esses filhotes de gato até este momento. Na época, pensei que jamais esqueceria aquilo."

A ação do pai de Ned indicou para o menininho que a vida era descartável. Essa era a justificativa silenciosa da cognição negativa do adulto. Ele não tinha a menor ideia de que esses fatos estavam associados em sua mente; foi uma revelação do EMDR.

Enquanto reprocessava a lembrança infantil, seu nível de SUDS caiu para zero e, então, ele retornou ao redemoinho. "Inacreditável!" A perturbação desvanecera, e as imagens e os cheiros também. O simples fato de localizar e se conectar com a lembrança inicial, conseguiu aliviar os sintomas vinculados aos horrendos eventos ocorridos na piscina de afogamento do Rio Grande.

O caso de Ned me recordou de uma paciente chamada Isabelle, moça de vinte anos, filha de um antigo embaixador peruano na Índia. Por diversos anos, o som de água corrente e uma série de odores, principalmente de flores, disparavam sentimentos de pânico e ideias obsessivas de morte em Isabelle. Como terapeuta, você tem que ter um senso de quando o medo da morte está inserido em limites apropriados e quando não está; no caso de uma moça jovem e cheia de vida como Isabelle, esse medo era notoriamente excessivo.

Por meio do EMDR, ela voltou à Índia, ao lugar onde vivia com a família quando era pequena. A casa fazia fronteira com o rio Ganges. Isabelle, de repente, trouxe uma cena de corpos boiando rio abaixo, enfeitados com flores – parte da cerimônia fúnebre da tradição indiana. Várias vezes sua enfermeira indiana a suspendia até a janela para assistir ao ritual, era considerado bonito na cultura da enfermeira. Essa lembrança há tanto tempo reprimida, estava por trás do pavor e morbidez de Isabelle. Uma vez descoberta, os sentimentos desapareceram.

Ambos os casos, de Ned e de Isabelle, tratam de traumas discretos. Em minha experiência, os traumas repetidos na infância são os mais comuns.

RONNIE: O VÔO DO CORVO

Dê uma olhada para Ronnie e logo pensará: *sucesso*. Vestido em um terno de grife, camisa branca e gravata vermelha conservadora, aos quarenta e cinco anos de idade, parecia um executivo. Na verdade, era um dentista – e bem-sucedido. Terapia, no entanto, revelou uma enorme quantidade de inseguranças que o debilitaram ao longo de sua vida. Precisava de ajuda, confessou-me. Sofria de depressão crônica, claudicando pela vida, abalado pela ansiedade e pelo medo. Nada lhe proporcionava prazer. Apesar de sua grande eficiência profissional, não conseguia sentir-se bem a respeito de si mesmo. Possuía um casamento estável, dois filhos maravilhosos, mas sentia-se desconfortável na presença deles e tinha medo que sua esposa o deixasse, levando consigo as crianças. Anos de psicoterapia anteriores não haviam surtido grande efeito. "Era como colocar cortinas em minha cela", comentou.

Iniciei, como sempre, colhendo extensivamente a história pessoal.

Ronnie foi adotado ao nascer e levado para uma família onde já existiam dois filhos naturais, Angie e Charlie, doze e oito anos mais velhos que o novo irmãozinho.

Embora a maioria dos pais adotantes seja amorosa e continente, a nova mãe de Ronnie tinha comportamento instável e extravagante: amorosa em um momento, verbal e fisicamente abusiva, no seguinte. O pai era um homem passivo, silencioso, incapaz de refrear a intempestividade da esposa ou de proteger os filhos contra ela. Às vezes, a esposa o impelia a bater nas crianças quando chegava em casa, como "castigo" por suas "travessuras".

Ronnie recordava que a principal ameaça da mãe era "mandá-lo de volta para o lugar de onde viera", ainda que ele não tivesse a menor noção de onde isso era; sabia apenas que era um lugar escuro e desconhecido. Como ritual, a mãe fazia suas malas, arrastava-o até o carro e preparava-se para sair; somente seus gritos e promessas de melhor comportamento levavam-na a mudar de ideia.

O pensamento de Ronnie costumava divagar para fantasias a respeito de sua mãe natural, acarretando culpa e medo de retaliação por parte dos pais adotivos, que lhe negariam amor ou o mandariam embora.

Ao iniciar o tratamento com EMDR, a primeira lembrança que surgiu foi a de sua mãe adotiva conduzindo-o escada abaixo e carregando suas malas para o carro. A cena causou-lhe tanto terror, mesmo quarenta anos depois, que ele sentia a eletricidade correr por seu corpo. Passamos meses reprocessando essa cena e a crença "Minha vida acabou". Gradativamente, o pavor foi substituído pela raiva de ter sido tratado tão cruelmente, seguido pela tristeza e pela dor decorrente de tanto sofrimento e dos anos perdidos por causa da volatilidade emocional de sua mãe.

Outra cena o perseguia com igual intensidade: um monstruoso corvo preto. A imagem apavorante de um enorme pássaro preto voando para dentro de casa, dando rasantes sobre ele e bicando-o surgia repetidamente em sonhos. No reprocessamento do sonho, percebeu que havia, de fato, um corvo, um verdadeiro terror. Sua mãe tinha a tendência de recolher animais perdidos, e cuidar deles com mais cuidado e preocupação do que aquela demonstrada em relação a seus filhos. Assim, ela manteve um corvo selvagem dentro de uma gaiola no porão. De alguma forma, o corvo desenvolvera a habilidade de falar como um papagaio e gritava todas as vezes que Ronnie se aproximava: "Cale a boca! Cale a boca!". O tom de voz do corvo ecoava o de sua mãe, assim como as palavras, e seu medo do porão logo se igualou ao seu medo de ser mandado embora.

O pássaro era imundo e soltava um cheio podre. Ronnie observava com terror enquanto o corvo crescia dentro da gaiola que ficou pequena demais para ele; o bico ficava imprensado contra as grades até que a ave não conseguia mais abrir a boca. Em nossas sessões, evitou a imagem durante meses, recusando-se a discuti-la ou a permitir-me ajudá-lo a reprocessá-la. Quando, finalmente, achou que estava pronto para enfrentá-la, o reprocessamento logo indicou que Ronnie se identificava com o pássaro. Para ele, o corvo era uma representação de si mesmo: um animal fétido, rejeitado, sem valor, preso por sua mãe, prisioneiro e atormentado.

Conforme descrito no Capítulo 2, para que o EMDR funcione em seu pleno potencial, é preciso localizar uma imagem alvo e desenvolver um protocolo a seu redor. Com o trauma discreto, o alvo é óbvio e, em geral, é reprocessado rapidamente. Com casos como o de Ronnie, contudo, há vários alvos, várias imagens, vários protocolos. Seu caso exigiu dezoito meses de trabalho intensivo.

Além da escada e do corvo, usei dois outros alvos principais no tratamento de Ronnie. O primeiro tinha relação com suas fantasias a respeito de sua mãe natural. Sua mãe adotiva lhe dissera que a mulher era uma prostituta, mas no decorrer do tratamento, compreendeu que isso não era verdade; e, mesmo que fosse não a tornava sem valor. Pressentiu que para sua mãe natural, entregá-lo representou uma grande perda; uma compreensão que desintoxicou a história de rejeição contada por sua mãe adotiva.

O outro alvo significativo envolveu sua irmã mais velha, Angie, que também foi privada do cuidado de seus pais. Quando Ronnie completou dez anos, ela se tornou fisicamente sedutora, induzindo-o à estimulação genital mútua. Quando um homem mais velho molesta uma menina, considera-se que houve abuso sexual; quando a situação é inversa, porém, alguns acreditam tratar-se da "iniciação" para o menino e que ele tem "sorte". Isso é simplesmente falso. Abuso sexual é abuso sexual e Ronnie ficou traumatizado, pois sua ereção era contaminada com intenso sentimento de culpa, vergonha e temor. Levou muito tempo para ele entender que era Angie quem estava perturbada, que ele não fez nada de errado, que ele era a vítima e que ele ainda sofria dos efeitos produzidos.

No reprocessamento de seus inúmeros protocolos, que cada vez eram resolvidos mais rapidamente à medida que os meses passavam, Ronnie passou por centenas de lembranças diferentes, todas exigindo algum grau de reprocessamento. O luto constitui, no EMDR, estágio crucial para que os pacientes consigam soltar seus traumas. Um estado que pode parecer regressão é, na verdade, a compreensão do paciente de que o trauma resultou no pagamento de um alto preço e em perda de oportunidades. O nível do SUDS pode aumentar, mas isso é um presságio para a liberação do trauma e poder seguir adiante. Se o terapeuta interrompe o trabalho de pesar, ou não o suporta, arrisca retraumatizar o paciente, negando seus sentimentos e suas perdas. Uma vez que o paciente supera essa fase de luto e entende que o pesar é consequência natural do prejuízo causado pelo trauma, estará pronto para dar prosseguimento ao seu processo de recuperação.

Para Ronnie, a questão essencial estava na confusão a respeito de sua identidade. Quando seu conhecimento sobre quem e o que ele era começou a cristalizar, sua ansiedade diminuiu, sua autoestima aumentou e suas cognições negativas desvaneceram, substituídas por cognições positivas como "Eu sobrevivi por minhas próprias forças". Compreendeu que sua identidade era o resultado de tudo o que lhe acontecera, de bom e de ruim, e que negar o que a vida lhe designara era negar a si próprio. Ele era feito de suas experiências e, assim, as integrou. Ronnie, o corvo, abriu a jaula e escapou. Batendo suas asas em processo de fortalecimento, voou com nova perspectiva do que via abaixo. Após dezoito meses de tratamento com EMDR (contrapostos aos *quinze anos* de psicoterapia prévia), acreditava que conhecia a si mesmo e sentia-se bem consigo mesmo. Começou a valorizar muito seu trabalho, usando suas habilidades para efetuar mudanças potenciais nas técnicas de odontologia. Sabia que sua esposa o amava e que poderia retribuir com amor espontâneo. Aproximou-se de seus filhos, não mais achando que poderia feri-los ou vice-versa.

O verdadeiro milagre da cura e recuperação de Ronnie só poderia ocorrer na segurança do relacionamento terapêutico. À medida que os meses passaram, ganhou confiança suficiente em mim para saber que eu o aceitava incondicionalmente e estava sempre disponível para ele. Sentiu-se no controle. O relacionamento não terminaria comigo mandando-o embora, mas por escolha sua, quando estivesse pronto. No final, sabia que havia mais descobertas a serem feitas sobre si mesmo, mas que aquilo que precisava realizar fora feito. Sabia que poderia retornar se quisesse, mas que havia alcançado e superado suas expectativas, e essa era a sua verdade.

Depois de algumas semanas usando o EMDR para orientar seu processo de desligamento, abriu a porta do consultório e voou. Pessoalmente, eu estava entusiasmado com sua recuperação, mas, ao mesmo tempo, triste de vê-lo partir.

STELLA: PÂNICO E A CENA PRIMÁRIA

Abuso sexual, físico e verbal, não são os únicos traumas duradouros enfrentados por crianças. Às vezes, podem ser traumatizadas involuntariamente pela ignorância ou falta de conhecimento dos pais.

Stella, mulher dócil, recatada, de trinta e poucos anos, foi-me encaminhada por seu médico. Vestia roupa indefinível, evitava contato visual e falava sussurrando, motivo pelo qual, muitas vezes, precisava esforçar-me para escutá-la. Filha única, sofria de ansiedade que progrediu a ponto de não conseguir manter-se empregada. Claustrofóbica, entrava em pânico só de pensar em estar em um cômodo fechado. Elevadores eram aterrorizantes para ela; quando acontecia de ficar presa em um engarrafamento, seu desejo era fugir; temia dirigir sobre pontes e andar de trem. Com o tempo, esses sentimentos foram se intensificando até que se tornasse agorafóbica. Só saía de casa em virtude de sua força de vontade – em geral para levar seu filho à escola – mas era uma tortura e, em determinadas situações, precisava ser acompanhada por alguma amiga. Quando os sintomas se prolongam tempo suficiente, costuma instalar-se a depressão (conhecida como depressão secundária). Stella sentia-se desesperançada e impotente, enroscada em sua teia de sintomas, incapaz.

Após três sessões de EMDR e um pouco de alívio, sugeri que fosse avaliada por um psiquiatra, pois seus sintomas eram tão incontroláveis que obter sucesso no tratamento levaria muito tempo. Foram-lhe receitados 20 miligramas diários de Prozac, uma dose moderada. Algumas pessoas podem argumentar que reduzir seus sintomas por meio do Prozac era tudo o que ela precisava; minha percepção me diz que ele serviu para abrir a porta para sua terapia.

Ajuda pode surgir dos lugares mais inesperados, como no caso de Stella. Quando seu marido, Andy, a levava para sua primeira sessão, casualmente perguntou-lhe: "Você sabe qual é a sua primeira lembrança?" A pergunta ativou-a e tornou-se o primeiro alvo de nossas sessões. "Lembro-me de estar deitada no meu berço", informou-me, e, repentinamente lágrimas rolaram pela sua face. "Não faço ideia de por que estou chorando", comentou.

Confessou um estranho sintoma que chamava a atenção de modo especial. O barulho de chiclete sendo mascado a excitava sexualmente – de modo confuso e desconcertante. Tornava-se agudo se estivesse com sua mãe, mas mesmo se estivesse no metrô, o barulho a incomodava e ela tentaria evitá-lo. Sintoma tão estranho deixa um rastro para pesquisa terapêutica investigativa e costuma levar a uma experiência traumática oculta por dissociação.

Não conseguimos iniciar com um protocolo completo de EMDR, pois ainda que a imagem no berço evocasse angústia, era muito abstrata para propiciar alguma cognição negativa. Gradativamente, contudo, sessão por sessão, a cena se completou. O pensamento "Estou presa" surgiu, juntamente, com um salto abrupto em seu nível de ansiedade.

O berço estava no quarto dos pais (informação que ela conseguiu confirmar) e lembrava-se de estar ali deitada, totalmente imóvel, tomada pelo terror do barulho que ouvia enquanto seus pais faziam amor. Presa no quarto, em um berço, com medo de olhar ou de fazer algum som. A imobilização era psicológica e também física. Percebeu que as lágrimas derramadas no consultório estavam enraizadas no fato de que havia algo extremamente doloroso naquela lembrança.

Reprocessamos esse alvo inicial durante nove meses e durante esse período surgiram inúmeras recordações, algumas aparentemente significativas, outras nem tanto. Lembrou-se do pavor que sentiu quando, aos cinco anos de idade, acabara de aprender a ler e viu, em uma manchete de jornal, que uma mulher fora atacada. Em outra oportunidade, trouxe a imagem da irmã de seu pai, portadora de deficiência física, que viera fazer-lhes uma visita e morreu no dia seguinte durante uma crise convulsiva.

Stella voltava continuamente ao barulho do mascar chiclete. Ficava envergonhada de abordar o assunto, relutante em falar sobre isso. "Não acredito que direi a você coisas sobre as quais não falaria nem com o meu marido", sussurrava. A seguir, falava.

Sua imagem era de sexo oral, de seu pai colocando um preservativo e, em seguida, sua mãe retirando-o do pênis dele e mascando-o. Isso pode ter sido a condensação de duas cenas distintas – colocar o preservativo e sexo oral; o que quer que fosse estava acompanhado do cheiro do sexo – mascar e sexo combinados.

Compreendeu que seu pânico atual era o mesmo pavor que sentia em seus anos iniciais, literalmente presa no berço, sabendo que alguma coisa estava acontecendo, mas não sabia o quê. Suas cenas progrediam cronologicamente (sinal de cura no processo de EMDR), uma vez que permaneceu no quarto dos pais até a idade de cinco anos. Exposta à cena primária inúmeras vezes, integrou-a em cada uma das fases de desenvolvimento de sua primeira infância.

Voltávamos sempre à cena do berço. A imagem se transformava continuamente à medida que reexperimentava o sentimento de estar presa no quarto de seus pais, progressivamente da idade de um ano até a de cinco. Teria sido um erro usar o EMDR para dessensibilizar o pânico sem desvendar as causas de origem. Muito melhor que tentar aliviar os sintomas de imediato é acessar a sua fonte. No caso de Stella, acessar e reprocessar a fonte dos sintomas permitiu transformação, não apenas na conexão com o passado, mas em comportamento evidenciado no presente. Aos poucos, ela saiu de sua concha. Conseguiu manter contato visual e pronunciar-se em voz audível. Suas roupas passaram a ser mais femininas e apresentar mais estilo. Seu pânico minguou e sua depressão desapareceu. Foi capaz de separar-se emocionalmente de sua filha e assumiu uma função de professora substituta. Embora seu medo de confinamento tenha acabado, continuava a evitar lugares fechados. Alguns sintomas levam tempo para serem eliminados.

Achei que ela conseguiria enfrentar lugares fechados sem temor, mas evitei dizê-lo. "A escolha é sua", afirmei. "Mas sugiro que andemos de elevador juntos. Você até pode usar os fones de ouvido e escutar os sons." Meu consultório fica no segundo andar de um prédio de três andares e ela sempre usava as escadas. Ainda que a evitação tenha sido um hábito, ofereci-lhe tanto o estímulo quanto escolha, e, relutantemente, concordou com a experiência. Entramos no elevador, subimos e descemos diversas vezes, retornando ao consultório a seguir.

Perguntei: "E aí? Como foi?".

"Não gostei."

"E sua ansiedade?"

"Não tive nenhuma."

A ausência de lógica não é rara na recuperação de trauma. Como muitos outros, Stella sentiu-se perdida sem a presença do pânico que a acompanhou durante décadas. "Quem serei eu sem ele?" Aos poucos, confrontou o pânico sozinha; caíram, uma a uma, as peças do dominó do medo. Primeiro, tomou o trem para a cidade com sua filha, depois fez o mesmo percurso sozinha. Seus êxitos eram reforçados com estimulação bilateral. Depois, dirigiu o carro sobre a ponte Whitestone. Ela se perdeu, mas se achou; então ficou presa em um engarrafamento, mas nenhuma das vezes entrou em pânico. Nestas viagens, no entanto, ainda sentia que "algo não estava certo" e cada jornada desencadeava lembranças encobertas, indicando que seu trauma ainda não tinha sido totalmente processado.

Durante os vinte e quatro meses seguintes, a lembrança de estar presa no berço no quarto de seus pais esmoreceu aos poucos. Gradualmente, o barulho do mascar chiclete deixou de disparar nela uma resposta. Conseguiu poder abrir mão do Prozac, o que a levou a um aumento temporário de ansiedade. Novamente, utilizamos isso como alvo e reprocessamos. Então, um dia, surgiu uma nova imagem. Estava, mais uma vez, no quarto dos pais. Mas, desta vez, estava fora do berço. Estava de pé e olhava na direção contrária da cama; andou em direção à porta e saiu do quarto, fechando-a firmemente – e para sempre –atrás de si.

JIM: FUGA DO BURACO

Os traumas de infância acontecem de variadas maneiras. Quando criança, Jim não era, ele próprio, abusado, mas seu pai abusava constantemente de sua mãe – em geral, verbalmente, mas às vezes também fisicamente – e isso foi tão prejudicial para Jim quanto se ele tivesse sido o receptor daquelas atitudes.

Com vinte e nove anos de idade, 1m62 e 109 quilos, Jim aparentava ser bem menor quando o conheci. Seus ombros eram caídos, cabeça baixa, olhos sempre olhando para o chão, como se estivesse temeroso de me encarar – quanto mais encarar o mundo. Contudo, tratava-se de um homem que venceu por si mesmo. Transformou sua perícia na área de informática em um bem-sucedido negócio de consultoria; usou seu talento para alcançar êxito nessa área de sua vida, onde não havia conflitos. Seus problemas estavam nos relacionamentos. Não conseguia administrar a rejeição por uma mulher. Com medo do abandono, o menor sinal de crítica real ou imaginária por parte de uma namorada disparava nele um jorro de gritos que terminavam em desespero. Raiva exagerada costuma ser indício de trauma. Os primeiros sinais de ira iminente são, em geral, percebidos no corpo ("Sinto meu peito apertando" ou "Minha cabeça parece que vai explodir"). Essas sensações corporais frequentemente são lembranças viscerais de traumas ocorridos cedo na vida, e reprocessá-las possui o efeito dual de liberar conteúdo novo e reduzir as explosões.

Jim procurou-me porque acabava de terminar um relacionamento de seis meses com a namorada. De férias por uma semana, resolveu surfar no Havaí com alguns amigos e ela queixou-se, afirmando que ele deveria ter passado esse tempo com ela. À expressão de mágoa e raiva da namorada – sentimentos apropriados e adequadamente comunicados por ela – rebateu com aspereza e tornou-se agressivo. "Depois que comecei, não consegui parar. Acontece sempre", declarou. Ao final da discussão, entrou no que ele denomina de "o buraco".

Fizemos o reprocessamento de várias lembranças específicas com o EMDR: o abuso impetrado pelo pai sobre a mãe; a retaliação da mãe, às vezes contra ele, Jim, e outras, contra seu irmão; a morte do pai quando Jim estava com quatorze anos. Logo após esse fato, Jim começou a abusar do álcool para aliviar sua dor, período esse que durou sete anos. Em desespero, procurou ajuda nos AA e deu início à sua recuperação; está sóbrio há sete anos. (O alcoolismo possui um aspecto claramente genético e bioquímico, embora o contexto ambiental e a identificação constituam também fatores poderosos. Nunca conheci um alcoólico ou qualquer pessoa lutando contra uma adição que não trouxesse a tiracolo uma forte história de trauma, geralmente resultado de ter crescido em uma família alcoólica. O vício, em si, com todas as experiências prejudiciais que acarreta, torna-se um novo trauma. Tenho visto que o EMDR, com sua forte capacidade para curar traumas, pode ser de extrema ajuda no apoio da recuperação do vício, inclusive no sentido de reduzir a intensa necessidade que toma conta do corpo.)

Usamos a morte do pai de Jim como alvo e vários incidentes de seu próprio alcoolismo, mas durante as sessões, via agigantar-se diante dele a face deprimida, irada, reprovadora de sua mãe – e novamente descendia para "o buraco". Apesar de estimulá-lo a olhar para "o buraco" como um bom alvo para o EMDR, sempre recuava: "Não quero nem chegar perto dele. Ele me engole".

Foram vários meses para ajudar Jim a entender que a única maneira de fugir de seus demônios era enfrentando-os – técnica similar ao *"flooding"* usada na terapia comportamental para dessensibilizar fobias, onde o terapeuta ajuda o paciente a perceber, por experiência própria, que o problema é o medo por si só, e não a situação.

"Fale-me do buraco", pedi.

"Tem três metros de profundidade, um metro e meio de largura, é escuro, lamacento e úmido."

"Onde você está agora?"

Seu rosto se contorceu.

"Estou no buraco. Está imundo."

"O que acontece se você olhar para cima?"

"Eu vejo o céu lá em cima. Mas estou preso. Nunca vou conseguir sair."

O buraco era real para ele, ainda que fosse apenas uma metáfora. Estava preso em seu medo e sua culpa, remanescentes da autocensura, do pavor, e das vivências infantis de impotência em uma família abusiva e alcoólica onde a desgraça era uma experiência diária para todos. Tinha lembranças vívidas de si mesmo criança aguardando, em suspense, a chegada da calamidade; geralmente, ela chegava, o que aumentava o medo. Não conseguia livrar-se da crença de que se ele tivesse sido uma criança melhor, as coisas não teriam sido tão ruins. Sua vida familiar era, de fato, como viver em um buraco.

Durante o reprocessamento, frequentemente ficava assustado, enraivecido, triste, desesperançado e louco por qualquer mudança. A certa altura, o buraco se encheu de água suja e ele sentiu que iria se afogar. Em outra ocasião, podia ver seus pais olhando por sobre a borda, seus rostos demonstrando escárnio. Então, o céu se tornava tão escuro que ele não conseguia enxergar nada. Vivenciou variadas sensações corporais – peito pesado, dores nos ombros, pressão na cabeça – mas, com enorme coragem, enfrentava o buraco sessão após sessão e ficava com isso tanto quanto lhe era possível.

Por fim, raios de luz entraram por cima. O buraco ficou menor. Conseguiu ver-se emergir. Então, pegou os fantasmas dos pais zombadores e lançou-os no buraco, cobrindo-os por inteiro. Mas eles eram poderosos. Via suas mãos surgirem, agarrando-o, tentando puxá-lo para dentro outra vez.

Mesmo assim, aos pouquinhos afastou-se mais e mais do buraco até que um dia, espontaneamente, percebeu que "o buraco estava dentro de mim". Com a consciência de que o buraco era interno e não algo externo, veio uma epifania igualmente chocante. Ele usou o tempo passado: O buraco *estava* dentro dele. Não estava mais lá agora. Continuidade no reprocessamento fortaleceu sua posse do novo conceito. Aproximando-se do final das sessões de EMDR, foi surpreendido por outra descoberta: "Houve bons momentos na minha família. Costumávamos rir bastante." Seguido de: "Sabe, eu recebi coisas boas dos meus pais.

Eu tinha que ter recebido. Veja o que consegui fazer com a minha vida".

Hoje, Jim tem cada vez menos medo de relacionamentos. Não só é capaz de comunicar suas emoções negativas, mas aprendeu a fazê-lo de maneira construtiva. Ainda apresenta descontrole temperamental e tristeza ocasionais, mas recupera-se rapidamente. Atualmente, está em um relacionamento sadio. Contou-me que, há alguns dias, sua namorada e ele tiveram uma discussão, mas conseguiram resolvê-la e não foram dormir chateados um com o outro.

Tentamos associar a palavra *normal* a nós mesmos, mas nem sempre parece encaixar-se. A maioria de nós atém-se ao contrato social de *fingir* ser normal, mas, no fundo, estamos lutando com uma variedade de fantasias "loucas" ou "distorcidas" e com comportamentos que tentamos manter ocultos. Ninguém sabe disso melhor do que os terapeutas. Ao trabalhar com milhares de pessoas, conheci histórias impressionantes de amor e ódio, tragédia e vitória. Cada uma fascinante e inspiradora. Por intermédio de meus pacientes, tive o privilégio de olhar pelas janelas de suas almas. E, em geral, a janela mais transparente não está na mente, mas no corpo.

CAPÍTULO 8 – EMDR e o Corpo

EMDR é essencialmente um tratamento orientado no corpo. O objetivo do protocolo passo a passo, partindo da imagem alvo, passando pelas cognições e emoções, é chegar no corpo. Uma vez que o paciente tenha reprocessado uma experiência, o passo final que valida a cura completa é a checagem corporal. Ainda há alguma tensão corporal? Algum desconforto ou sensação estranha?

Um bebê recém-nascido não diferencia as sensações corporais das emoções. Fome, desconforto por estar com a fralda suja, medo, frustração e satisfação são todos sentidos no corpo e são diferenciados, apenas, como sendo sensações de conforto ou de desconforto. O cérebro reptiliano e o corpo agem em unidade. Desconforto é desconforto, quer seja emocional ou físico. O mesmo se aplica ao conforto.

CÉREBRO, MENTE, EMOÇÃO – E CORPO

É absurdo falar da mente sem falar do corpo. Emoções, impulsos, pensamentos e desejos são todos totalmente integrados no corpo e não podem ser experimentados sem a participação do corpo. Muitas abordagens psicoterapêuticas reconhecem esse princípio e utilizam a bioquímica para atingir diretamente o corpo sem a "interferência" da fala. Por outro lado, a psicanálise devota-se principalmente ao intercâmbio verbal, por meio do relato de sonhos e do fluxo de consciência para acessar os conflitos, medos e vivências infantis que fundamentam comportamentos disfuncionais.

O EMDR posiciona-se centralmente entre as várias abordagens de psicoterapia. Se imaginarmos uma roda, onde cada psicoterapia é representada por um dos raios, o EMDR seria o centro. Pensamento, memória sensorial, emoção e experiência corporal são todos componentes da vida psicológica e não podem ser desvinculados. Se você ignora o corpo na tentativa de compreender a emoção, você perde a ressonância do sentimento. A demonstração de nossas emoções por meio da postura, expressão facial e "linguagem corporal" é tão vital para a comunicação quanto as palavras faladas. Nenhum contato social, nenhum relacionamento íntimo, nenhuma troca profissional existe sem a linguagem corporal. É por meio dela que se pode expressar o inconsciente, o não verbalizado, os sentimentos subjacentes. "Eu te amo", diz a jovem ao seu namorado, afastando-se timidamente de seu toque. "Não vou machucar você", promete o valentão, agressivamente, junto ao rosto de sua vítima. "Essa é a minha melhor oferta", informa o vendedor, passando repentinamente a suar e suas pupilas dilatando. Em cada caso é a linguagem corporal, e não as palavras ditas, que expressa a verdade.

O EMDR constantemente apresenta oportunidades para acessar o significado através do corpo e, em algumas situações, para tratar emoções pré-verbais. Se, aos três meses de idade, um bebê cai em uma piscina e quase se afoga, o trauma é recordado na sensação de sufocamento e do pavor que o acompanhou. Ele pode aparecer anos mais tarde por meio de uma dificuldade respiratória, talvez asma ou de ataques de pânico. Reminiscências do trauma original disparam um jato de adrenalina no cérebro que é sentido, principalmente, no corpo. Do cérebro ao corpo ao cérebro é um ciclo que não tem verdadeiro princípio ou fim.

CONDIÇÕES FÍSICAS

Doenças físicas sempre são revestidas de emoções. Problemas cardíacos, por exemplo, costumam disparar uma resposta depressiva ou de pânico. Perda de funções ou de saúde pode lesionar, e até mesmo estraçalhar, seu senso de integridade ou sua fé na vida. Desde o nascimento, sabemos subconscientemente como nosso corpo funciona: fluxo sanguíneo, respiração, digestão, descarga hormonal. Essa experiência existencial pertence aos nossos corpos de dentro para fora e de fora para dentro; contudo, em nossos processos mentais, isso não é registrado a não ser que algo dê errado – falta de ar, dores no peito, um raspão ou corte.

Sensações corporais constituem uma forma de comunicação visceral que propicia valiosa informação quando processada por meio da estimulação bilateral. "Sinto um nó no meu estômago", diz o paciente. "Siga a partir daí", responde o terapeuta. "Veja para onde sua mente o leva." A sensação – estômago apertado – é comum e pode significar diversas coisas. A ideia de o *nó* estar lá pode ser representativa – o paciente pode ter sido amarrado durante sua infância, ou ter apanhado com corda –

ou pode ser completamente figurativa, sem significado simbólico direto. Às vezes está no meio termo. No caso de um paciente propenso a ansiedade, o terapeuta pode se perguntar por que a sensação é descrita como um "nó" ao invés de um "fogo ardendo", "chumbo pesado" ou "faca". Às vezes o mistério é esclarecido e os indícios revelados; outras vezes permanecem desconhecidos.

"Há um peso sobre os meus ombros", pondera um paciente. Processando a experiência, o paciente pode recordar ter sido empurrado ou preso ao chão quando criança. Ou a lembrança pode simplesmente advir de pressões sofridas por um pai e/ou uma mãe extremamente exigentes. O corpo fala por meio de metáforas sensoriais; durante o EMDR, a mente é auxiliada na interpretação dessas metáforas; a lembrança é integrada em pensamento e emoção. E a cura encontra-se ao alcance.

EMOÇÕES E O CORPO

Considerando-se que tudo o que acontece na mente afeta o corpo e tudo o que ocorre no corpo afeta a mente, acredito que a expressão, atualmente tão popular, *conexão mente-corpo*, está equivocada. Mente e corpo são um. Descrição muito melhor seria *o sistema*, que traz a ideia de integração e fluxo, onde fluxo é a expressão da emoção.

Pessoas que carregam fardos emocionais costumam senti-los no corpo, muito embora o corpo consiga dissociar sensações físicas da mesma maneira que a mente o faz com as emoções. A depressão é frequentemente acompanhada por sensações de peso e de letargia. A ansiedade acarreta aperto no peito, queimação no estômago ou dores nas costas. TEPT produz hipervigilância e sensibilidade a sons e cheiros associados ao trauma.

Não há uma linha divisória entre os efeitos do trauma na mente e no corpo. Entretanto, muitas vezes, corpo é "só" corpo e qualquer psicoterapeuta razoavelmente competente irá procurar saber se os sintomas corporais foram verificados de modo a confirmar se existe base fisiológica para os sintomas. Nos dias de hoje, um erro clássico que alguns terapeutas cometem é tratar um sintoma físico como sendo psicológico sem verificação prévia.

Quando terapeutas tratam problemas físicos como se fossem emocionais, na melhor das hipóteses não compreenderam a mensagem emitida pelo paciente; na pior, estão colocando o paciente em risco. Já trabalhei com pessoas que apresentavam sintomas clássicos de síndrome do pânico e, no entanto, testes clínicos demonstraram problemas fisiológicos, tais como disfunção respiratória ou da tireóide. Pedi-lhes que buscassem tratamento médico adequado antes de tentar determinar se havia necessidade de tratamento psicológico.

Quando sensações corporais reprocessadas por meio do EMDR desaparecem e não retornam, em termos diagnósticos isso sugere (mas não prova) de que a origem do sintoma era psicossomática. E se o sintoma não se altera ou volta logo depois do tratamento psicológico, então há grandes chances de que o sintoma seja físico e necessite de tratamento médico, ou que as questões emocionais sejam bastante profundas e complicadas.

JOAN: ASMA E A ARANHA

A forma pela qual o corpo manifesta o TEPT, assim como o desafio de descobrir se determinada condição é física ou psicossomática, ficou clara no exemplo de uma paciente.

Joan tem vinte e seis anos. Há seis anos seu pai foi atropelado por um automóvel e morreu instantaneamente na frente da casa dela. Da cozinha, Joan ouviu o barulho da frenagem e da colisão com o corpo, e correu para a rua, onde encontrou seu pai deitado no pavimento. Ele sofreu ferimentos internos extensivos e fatais, mas para Joan parecia estar apenas adormecido.

Joan administrou a situação com extrema presença de espírito, ligando para a emergência e conversando coerentemente com os policiais. Mas talvez, ela tenha resolvido tudo bem "demais". Uma semana depois do acidente, apresentou asma pela primeira vez em sua vida.

Asma pode aparentar ser uma doença decorrente da emoção, porém, todos os exames médicos indicam que sua origem é fisiológica. Será que Joan estava predisposta a ela? É possível. Seria ela uma condição pré-clínica? Talvez. Contudo, enquanto processávamos a imagem do pai estendido na rua e o barulho do impacto, a asma sobreveio de modo agudo e Joan lutou para respirar.

Com sua autorização, segui minha intuição e, levemente, apliquei pressão sobre suas mãos, alternando entre esquerda e direita. Imaginei que o contato físico poderia ajudar a centrá-la. Pedi-lhe que usasse a asma como alvo. "Tenho uma enorme aranha no meu peito." (Posteriormente relatou que havia visualizado essa imagem diversas vezes.)

Ao usarmos a versão tátil do EMDR, imaginou uma aranha subindo por sua garganta e sua agitação aumentou. Diminuí o ritmo do reprocessamento e perguntei suavemente: "O que está sentido agora?" Ela respondeu: "Está subindo mais". Durante o reprocessamento, ela manteve essa cena enquanto a aranha subia da garganta e entrava em sua boca. A seguir, imaginou-se cuspindo a aranha no chão, onde, por fim, esmagou-a com o pé.

Expulsar e destruir a aranha trouxe imenso alívio juntamente com uma grande surpresa. Joan informou que se sentia 90% melhor fisicamente, mas permanecia uma sensação estranha no peito. Reprocessamos essa sensação, que desapareceu quando Joan imaginou um líquido frio e azul recobrindo os seus pulmões. Poderia ser que a asma fosse um sintoma de TEPT e a aranha simbolizasse o fato de que os ferimentos invisíveis de seu pai eram internos? Difícil afirmar com certeza. Mas até o momento em que escrevi este relato, ela não teve mais nenhuma ocorrência dos sintomas; e acredito que sem o EMDR, ainda estaria apresentando-os. Será que eles voltarão no futuro, automaticamente ou talvez disparados por alguma nova experiência traumática? Somente o tempo dirá.

DISSOCIAÇÃO

A dissociação de lembranças traumáticas e das emoções vinculadas leva, com frequência, a experiências corporais alteradas. Algumas pessoas podem sentir que lhes falta alguma parte ("só sinto meu corpo da cintura para cima"), enquanto outras vivenciam uma variedade de sensações estranhas. Uma pessoa anoréxica distorce sua imagem corporal, acreditando-se gorda, recusando-se, consequentemente, a alimentar-se. Uma pessoa bulímica, por sua vez, bloqueia sua dor emocional comendo e vomitando compulsivamente.

Dismorfia corporal, sentir que parte do corpo é grande ou pequena demais ou extraordinariamente feio (por exemplo, o nariz), é outro fenômeno dissociativo. Tive uma paciente que achava que seu cabelo era nojento, tanto visualmente quanto ao toque. Na verdade, seu cabelo loiro era um dos aspectos chamativos de sua beleza como um todo, mas sua mãe abusiva sempre desqualificava seus cabelos referindo-se a eles como sendo "delicados demais" (comentário que muitas pessoas tomariam como elogio). Quando usamos esse sintoma como alvo para o EMDR, as lembranças que estavam por trás emergiram e a mulher recordou inúmeros incidentes em que sua mãe a espancava e a chamava de "vadia nojenta" desde que ela tinha três anos. Seus sintomas ocultavam e, ao mesmo tempo, expressavam os traumas que atacavam sua sexualidade e sua essência de ser. Um ano de sessões regulares com EMDR livraram-na dos traumas e dos sintomas que a confundiam e a debilitavam.

O cabelo é, com certeza, um problema para homens, mas no caso de John era algo fora do comum. Homem bonito, usava o cabelo amarrado para trás em um rabo. Segundo ele, "as mulheres acham atraente". Porém, quando o contorno de seu couro cabeludo começou a retroceder, sua reação foi intensa. Mortificação, depressão e um inevitável sentimento de feiura levaram-no a usar chapéu, mesmo quando estava dentro de casa. ("As mulheres não me acham mais atraente".) Nossa anamnese trouxe à tona lembranças de quando ainda era pequeno e o pai batia em sua cabeça. Mirando seus traumas com o EMDR, revelou-se que o sintoma era não apenas concreto, mas também simbólico, decorrente da agressão sofrida em sua masculinidade. Percebeu que estava projetando suas crenças distorcidas sobre as mulheres que namorava e, dessa forma, aumentava seu sofrimento. Depois de quinze sessões usando suas lembranças como alvo para o EMDR, chegamos ao que restava de suas cognições distorcidas. Com duas sessões elas sumiram e o tratamento foi completado.

CONEXÕES

Répteis funcionam bem com seus cérebros reptilianos. Mamíferos adaptam-se bem aos seus ambientes usando seus cérebros reptilianos e mamíferos. Nós, seres humanos, contando com os cérebros pensantes, perdemos muito de nossos instintos animais, complicando nossa relação com nossos corpos. Em outras palavras, nosso maior recurso como pessoas é também nossa principal deficiência como integrantes do reino animal.

Se uma lontra do rio for criada em cativeiro e com a idade de um ano libertada em seu ambiente natural, adapta-se de imediato. Tente fazer a mesma coisa com um chimpanzé e verificará que ele não sobrevive. Quanto mais subimos na escala filogênica (quanto mais evoluídos são nossos cérebros) mais distantes ficamos da conexão com o corpo. É o preço a pagar.

Adaptação resulta de conexões neurofisiológicas, e pessoas que têm dificuldade em se adaptar, esforçam-se para promover essas conexões. A cognição "eu não consigo" é frequentemente sistematicamente mantida ("Não consigo atrair mulheres porque meu cabelo está caindo", "não consigo sobreviver sozinho") e, com muita frequência, a cognição se auto realiza. O EMDR ajuda pessoas a recuperarem as conexões rompidas ou bloqueadas em virtude de situações traumáticas. Promove conexões entre as diferentes partes do cérebro e o corpo dentro do sistema como um todo.

APERFEIÇOAMENTO

O último passo no protocolo do EMDR é localizar as sensações corporais. Uma vez feito isso, aplica-se a estimulação bilateral e inicia-se o reprocessamento com EMDR. É valioso verificar o corpo periodicamente *no decorrer* das sessões, voltando a atenção do paciente para a experiência corporal, procurando identificar que imagens as sensações no corpo evocam. O terapeuta pode perguntar: "Como você imagina essa sensação corporal? Que cor, tamanho, formato, peso, temperatura ela tem?" (Cor ativa diversas áreas do cérebro, além de possuir um significado simbólico.) Algo que no início seja representado como uma bigorna preta nos ombros, por exemplo, poderá transformar-se em um bastão de metal cinza e posteriormente numa moeda de cinquenta centavos. De que maneira essas transformações podem ser descritas em termos neurológicos e psicológicos? Não sabemos ao certo.

Quando ocorrem sensações corporais negativas, acredito ser útil identificar as sensações positivas no corpo. Peço ao paciente que me relate não apenas a tensão ou desconforto, mas também em que lugares seu corpo está livre, relaxado e confortável. Consciente de um peso no peito, um paciente pode surpreender-se ao perceber que suas pernas estão relaxadas. Ao acessar sensações positivas e usar estimulação bilateral, a sensação costuma se espalhar. O corpo torna-se um agente para o acesso de sentimentos negativos *e* positivos, dentro da amplitude total de recursos neurofisiológicos, psicológicos e espirituais do paciente. Identificar o que existe de positivo na presença dos aspectos negativos auxilia o paciente a perceber que ele possui recursos, mesmo durante os momentos de vulnerabilidade emocional e física.

Psicoterapia, por definição, significa cura da mente. O próprio Freud iniciou sua carreira como neurologista e reconheceu a relevância do corpo, demonstrando que passamos pelas fases oral, anal e fálica. Para ele, no entanto, a solução final está no cérebro. No EMDR, terapia integrativa, o corpo é um aspecto essencial da cura.

Quando pensamos em nós mesmos, não costumamos pensar em termos de corpo. Ecoamos Descartes: "Penso, logo existo". Nossos corpos, no entanto, somos nós, tanto quanto nossos pensamentos e nossas emoções.

A maior parte do que somos não está no cérebro anterior; o cérebro cortical apenas cobre tudo o que está abaixo. Somos seres físicos, moldados por sexualidade e agressão. Para expressar nossas emoções ao fazer amor é preciso tocar e ser tocado. Essa é a maneira mais profunda de expressar este sentimento tão significativo, embora o abuso e a vergonha possam corrompê-lo. A sexualidade pode aproximar-nos ou afastar-nos. Quando entrelaçada com agressão, pode surgir na forma de sadomasoquismo, estupro e abuso sexual. Tais atos refletem uma neurofisiologia desvirtuada, um sistema mente/corpo distorcido.

EM SUMA

O trauma faz parte da experiência humana e afeta todos os aspectos do sistema humano. EMDR é uma abordagem integrativa para a cura desse sistema. Identifica e ativa o trauma contido no sistema e, então, o libera. O uso do protocolo (e suas variações), combinado com a estimulação bilateral, culmina no corpo e promove os amplos efeitos do EMDR que, por natureza, promove cura sistêmica. Nós, terapeutas, temos pouca influência direta sobre o processo interno do paciente, experimentado, basicamente, no corpo. Ao estruturarmos o protocolo, a perspicácia está em perceber essa verdade física e atuar em seu contexto.

Curar o trauma de um paciente é impossível sem curar o sistema como um todo, em seus níveis fisiológico, neurológico e psicológico. O braço não funciona de maneira independente da perna; da mesma forma, as emoções e os pensamentos não fluem em sistemas distintos do corpo. O EMDR consiste em uma abordagem integrativa para um sistema integrado, centrado no corpo. E, como veremos nos capítulos seguintes, dois elementos essenciais desse sistema que nos sustentam são o desempenho e a criatividade – aspectos vitais da cura e da vida.

PARTE III

O MUNDO TODO É UM PALCO:
EMDR E MELHORA DE DESEMPENHO

CAPÍTULO 9 – O melhor que você poder ser

Em geral, o aprimoramento de desempenho – atlético, artístico, de oratória, profissional, social, pessoal e relacional – está fora do contexto psicopatológico e de trauma. Mas não completamente: bloqueios de desempenho estão muitas vezes relacionados a traumas, embora não necessariamente haja uma relação direta com uma atividade específica.

Ninguém vive a vida inteira sem experimentar trauma. Dizer que nunca foi traumatizado é como afirmar que seu corpo não tem nenhum defeito, ignorando genética, doença, ferimento e o processo de envelhecimento. O trauma afeta todas as áreas da vida da pessoa. Contudo, há peritos que atuam na área de aprimoramento de desempenho – alguns psicólogos do esporte – que não abordam os traumas existentes no sistema neurofisiológico da pessoa, restringindo seu enfoque aos processos emocional e racional do presente. Isso pode limitar a eficácia de seu trabalho, da mesma forma que retirar erva daninha do jardim e deixar as raízes faz com que voltem a crescer.

É comum que o desempenho seja dificultado pelas crenças distorcidas, em geral inconscientes, que temos a respeito de nós mesmos. Quando projetamos essas avaliações distorcidas para o mundo, convencemo-nos de que os outros – nosso "público" – nos vê da mesma forma crítica. Essas auto-avaliações negativas permeiam nosso *sistema* inteiro, desvirtuando as imagens que temos a respeito de nós mesmos e dos outros. Considerando, contudo, que não temos a habilidade de ler mentes, raramente sabemos o que os outros pensam acerca de nós. Pessoas que sofrem de ansiedade social e têm pavor de comparecer a festas representam um bom exemplo: elas, na verdade, se superestimam, percebendo-se pelo filtro crítico de sua própria invenção irracional. Na verdade, a maioria das pessoas está focada em como está sendo percebida que nem presta tanta atenção nos outros.

O desempenho e a percepção estão interligados, seja esta correta ou distorcida. Quando projetamos nossas próprias percepções negativas sobre aqueles que nos observam, ativamos nossa ansiedade, vergonha e timidez, comprometendo o desempenho. Se nos virmos de forma positiva, realçamos o bom desempenho.

Além do mais, o desempenho é uma experiência diária, de dia inteiro. Não importa se estamos dirigindo, respondendo uma pergunta em sala de aula, nos socializando, contando uma piada em uma festa, ou dobrando um envelope nos correios – "o mundo todo é um palco". Até na execução de atividades altamente qualificadas (representar *Hamlet*, lançar a bola em um time de destaque), as pessoas ainda estão lidando com questões basicamente humanas: sucesso e fracasso, competição e realização.

Alguns psicólogos de esporte trabalham basicamente com visualização positiva, exercícios de relaxamento e reafirmações. Tais técnicas são valiosas dentro de um contexto limitado, mas deixam escapar o fato de que cada indivíduo possui um sistema moldado por sua história pessoal: você colhe aquilo que planta; a natureza da solução é definida pela natureza do problema. Solucionar problemas superficialmente promove uma aparente adaptação e não uma resolução. Essas adaptações são propensas a serem limitadas quanto à duração – o problema provavelmente ressurgirá mais tarde ou voltará em outro formato.

Desempenho é uma questão do agora, do momento. Bill Russell, ídolo do basquete entre os anos 50 e 60, descreve o momento em que todos os fatores externos ao jogo – a multidão, dores físicas e mesmo os pontos – desaparecem e ele e o fluxo de ação são um só. Momento sublime, afirma, em que ganhar ou perder não tem sentido. Trata-se de uma fusão entre o corpo e o espírito, o instinto e a habilidade, o treino e a espontaneidade. Eu mesmo tive experiências semelhantes ao falar em público (atividade da qual já tive horror), quando me conecto com meu público, quando meus pensamentos e minhas palavras fluem sem o menor esforço, quando me dou conta de que meus pensamentos estão sendo expressos com habilidade máxima. Nesse instante, perco consciência de tudo, exceto do fato de eu estar fazendo aquilo que deveria, que sou o melhor que posso ser naquele momento.

Pessoas que sofrem de depressão costumam viver no passado, enquanto pessoas oprimidas pela ansiedade vivem no futuro. O EMDR traz a pessoa totalmente para o presente. Terapia funciona como um processo na medida em que paciente e terapeuta, ambos, encontram-se no momento em que a maior verdade está aqui e agora.

BLOQUEIOS DE DESEMPENHO

Você já entrou em uma sala de reuniões com estranhos e sentiu que os olhos de todos estavam sobre você? Já vivenciou uma repentina queda de autoconfiança em uma entrevista para emprego ou ao falar em público? Já esteve em alguma situação, profissional ou social, em que se sentiu inadequado ou uma fraude, em que "todos podem enxergar através de mim"?

Essas crenças e outras similares inibem o desempenho. Às vezes, pessoas ficam cegas com a ideia de grandiosidade – como, por exemplo, uma cantora desafinada de karaokê que está convencida de que canta como a Barbra Streisand, ou o iludido Casanova que não enxerga sua barriga de cerveja e entradas crescentes no couro cabeludo. Muito mais comum é o senso de fraude – o sentimento de que "não sou bom o bastante (a pessoa certa) para fazer o que estou fazendo". A mulher na festa que acha que todos estão olhando para ela, que está produzida demais ou de menos; que sua maquiagem escorreu; que vai dizer a coisa errada e parecer uma boba. Está apenas projetando sua imagem distorcida de si mesma. As chances são de que ela esteja apresentável e de que tenha algo interessante a dizer.

Fobia social é uma versão intensificada da timidez, às vezes tão incapacitante que impede que quem a sofre compareça até a jantares com amigos. Estimulação bilateral do alvo constitui uma ferramenta eficiente para atingir a raiz de suas causas, assim como para determinar a fonte de todos os inibidores de desempenho. Pois a fobia social não surge do nada, provém de experiências quando se deparando com o mundo vividas na primeira infância; a gravidade depende de quanto essas experiências foram negativas.

Para solucionar a ansiedade de desempenho do paciente de modo eficaz, ou até mesmo para remover um único bloqueio específico, o terapeuta precisa explorar a história de vida do paciente. É provável que tenha que procurar por experiências dolorosas do passado para aliviar o bloqueio e esse processo pode ser perturbador. O EMDR localiza a causa do problema em velocidade máxima, auxiliando o paciente na descoberta de correlações entre incidentes do passado e dificuldades atuais no desempenho. O paciente logo percebe que essas conexões estão contidas dentro de seu próprio sistema.

ARNOLD: ECOS E ANSIEDADE DE FALA

Pessoas que sofrem de medo de falar em público descrevem sua angústia como sendo pior até do que o medo da morte. Como diria Jerry Seinfeld, "Em um funeral, muitos de nós prefeririam estar no caixão a proferir a eulogia" (benção ou discurso comumente proferido por alguém próximo ao falecido durante o funeral).

Arnold, quarenta e seis anos, é homem extremamente bem-sucedido, executivo de altas realizações, dirigente de uma empresa de relações públicas de médio porte. Individualmente, seu trabalho é brilhante e seus programas de marketing já receberam várias premiações. Entretanto, em reuniões, principalmente com estranhos, quando precisa "vender" suas ideias, entra em pânico e se fecha, com a preocupação: "Eu não conheço meu material. Vou cometer um erro imenso. Vou dar prejuízo para a empresa. Prejudicar minha posição". Nenhuma afirmação positiva por parte da família (ele é bem casado e tem dois filhos), nem de seus colegas ajuda. Quando os ataques de pânico se tornaram tão severos que ele mal conseguia grasnar sua apresentação, procurou-me.

Arnold iniciou processando o protocolo. Em *cinco segundos*, ouviu ecos da voz de seu pai: "Cale a boca, imbecil! Você não consegue fazer nada certo. *Você não sabe do que está falando!*"

Lá estava. Em velocidade máxima.

Assim que essa conexão foi feita, as memórias de Arnold voltaram à época em que tinha três anos, primeira vez em que se lembrava de ouvir o escárnio do pai e, depois, passou por inúmeras recordações de infância. Seu pai era verbalmente abusivo com sua mãe e irmã, principalmente sua mãe, enquanto Arnold se encolhia, perguntando-se por que sua mãe não se defendia.

Arnold reprocessou mais experiências antigas, e enquanto viajava do passado para o presente diversas vezes, a correlação entre o abuso de seu pai e seu próprio terror ficou cada vez mais clara. Podemos nos perguntar por que ele mesmo nunca fizera essa associação antes – parece tão óbvia nesta apresentação. Acontece que ele foi traumatizado, o que levou à dissociação e à desconexão. Foi necessário o EMDR para restabelecer essa conexão e, a partir de então, sua vida mudou. Sentia ainda uma leve ansiedade em reuniões públicas, mas o pânico desapareceu e ele conseguia apresentar suas ideias com voz e mente claras. O processo poderia ter sido aprofundado e Arnold poderia ter aprendido mais a respeito de si mesmo, mas o alívio de seu terror era tudo o que ele queria, portanto, não insisti. Ele descobriu o quanto as raízes de seu pânico eram profundas.

EXPERIÊNCIAS DE PRIMEIRA INFÂNCIA

O primeiro desempenho na vida é o nascimento (ou talvez a concepção). Otto Rank postulou que o nascimento em si é traumático, e muita gente parece ter relacionado trauma de nascimento com experiências futuras, de modo a dar sustentação à teoria. Em meu próprio caso, passei por um parto difícil, tendo nascido com o cordão umbilical enrolado no pescoço. Será que esse incidente foi responsável por sentimentos e imagens de asfixia que surgiram em minha mente durante minha primeira sessão de EMDR? Talvez sim, talvez não. Mas eu não rejeitaria essa possibilidade.

Um bebê sorri. Vira de bruços. Engatinha. Começa a andar. A maneira pela qual o cuidador reage à criança é crucial no desenvolvimento de sua autoconfiança e senso de "Eu". A criança é reforçada em suas realizações? ("Olha o que o bebê fez!", exclama a mãe sorridente). Ou ela é criticada? ("Você sempre bagunça tudo"). Quem sabe, o pior de todos, seus feitos recebem indiferença ("Nem vale a pena perceber você"). Tais respostas negativas, quando habitualmente repetidas, serão internalizadas e a criança tocará essa fita posteriormente em contextos sociais com outras crianças, na creche, na pré-escola. Desenvolver-se-á, assim, um padrão de "mau" comportamento, birras, atuações, emburramento etc., levando a mais reações negativas por parte dos professores e colegas, aprofundando ainda mais a autoimagem negativa e as atitudes inaceitáveis.

Esses traumas formam a base da autopercepção negativa e do comportamento na vida adulta. Poucos peritos em desempenho falam do impacto dessas experiências, preferindo abordar diretamente a essência do sucesso ou fracasso pessoal. Desempenho em público e interação social envolvem a questão básica da confiança, cujo início é na infância.

TRABALHANDO COM CELEBRIDADES
Para pessoas expostas ao olhar público – atores, atletas, políticos, escritores, artistas, músicos, comediantes – as questões de desempenho são exacerbadas, já que celebridades enfrentam situações distintas do restante das pessoas. Entre outras coisas, são tratadas como mercadoria. Muitas foram crianças prodígio, valorizadas menos por quem eram do que pelo que faziam ou produziam, ficando, portanto, dissociadas da essência de seu ser. Seus dons levaram à sua exploração por meio da comercialização, socialização e adulação, e tornou-se difícil para elas manter seu senso de Eu (essa é a razão pela qual muitas celebridades falam de si mesmas na terceira pessoa ou adotam pseudônimos).

Olhamos para celebridades não como pessoas, mas como invólucros de nossas próprias fantasias (quando o time para o qual torcemos conquista um campeonato, exultamos com a palavra "nós ganhamos!"). Mas nossas projeções têm muito pouco ou nada a ver com eles como pessoas; eles são o reflexo de nossas próprias idealizações, cujo objetivo é satisfazer nossas necessidades não satisfeitas. A constante negação de quem você é na verdade constitui uma forma profunda de abandono emocional.

O "tratamento especial" recebido por celebridades pode, por si só, ser prejudicial. Por exemplo, conheço histórias de pessoas famosas receberem cuidado médico *inferior* por parte de médicos, seus admiradores, que não conseguiam exigir delas a mesma obediência ao tratamento que impunham a outros pacientes. Esse tipo de cuidado diferenciado representa outro modo de retraumatização, como o abandono da infância, a esta altura familiar à celebridade, que ignora suas necessidades e sua vulnerabilidade essencial.

Com os famosos, o terapeuta deve permanecer o perito confiável, assim ele é como com qualquer outro paciente. Artistas podem ser defensivos ("Eu consigo resolver isto – eu sou um *astro*"), ou podem chegar atrasados sem justificativa ou não comparecer e, dessa forma, prejudicar seu progresso. Muitas celebridades se ressentem e sentem-se ameaçadas por figuras de autoridade, pois como prodígios eles perderam sua juventude e, portanto, não confiam nos adultos. O terapeuta, contudo, precisa agüentar, comprometendo-se com determinação com a cura da pessoa.

Com EMDR, baseado em um conjunto de protocolos e procedimentos estruturados, o terapeuta precisa estabelecer seu limite "parental", resistindo às seduções realizadas pela celebridade, como "Por que eu tenho que fazer isto assim?" ou "Por que não posso falar dos meus problemas como fiz com os outros psicólogos?". Resistir a esses desafios conduzindo o paciente passo a passo pelo processamento e reprocessamento constitui procedimento vital no sentido de estabelecer um ambiente propício à cura. Estabelecer sua autoridade de modo firme e justo demonstra verdadeiro cuidado por parte do terapeuta, ao contrário da bajulação vazia a que as celebridades estão acostumadas, o que lhes permite abrirem-se para a cura – motivo pelo qual procuraram a terapia em primeiro lugar.

PRODÍGIOS INFANTIS

Tratei de duas pianistas renomadas que possuíam histórias semelhantes. Ambas haviam sido reconhecidas como prodígios aos quatro ou cinco anos de idade, e ambas possuíam pais ou professores que abusavam delas psicológica e fisicamente. Ouviam gritos caso perdessem a concentração e apanhavam quando erravam. Algumas pessoas extremamente talentosas associam o talento ao abuso na infância e afastam-se de seus dons, tornando-se impossível para elas terem segurança naquilo que fazem de melhor. Mas essas duas pianistas, por alguma razão, perseveraram, embora não haja dúvida de que jamais alcançaram seu potencial máximo. Com o EMDR, ambas foram curadas. Uma delas conseguiu dedicar tempo suficiente ao treino para recuperar seu alto grau de habilidade. A outra superou seu medo do palco e fez um retorno triunfante no Carnegie Hall. Mas mais importante, ambas foram capazes de se libertar do sofrimento que carregaram durante décadas.

Quando um filho possui um talento extraordinário no campo de beisebol ou uma filha é prodigiosa na quadra de tênis, os pais poderão, inconscientemente, estimular a criança por motivos pessoais. Recentemente, um jogador destaque dos New York Mets resolveu parar de jogar. Admitiu que nunca gostara de beisebol e que sua verdadeira paixão era o futebol americano. Seu pai forçara-o, acreditando que o talento do filho para o beisebol era superior e que esse esporte era potencialmente mais lucrativo. Se sua decisão foi decorrente de coragem ou de desespero, suas ações afirmaram: "Jogava beisebol por ele, não por mim. E eu não posso mais fazer isso".

DISSOCIAÇÃO ADAPTATIVA

Você está no Estádio Shea, final de jogo, seu time precisando de um ponto; você é o rebatedor com dois fora e as bases estão lotadas. O lançador é famoso por sua bola rápida, que alcança 155 quilômetros por hora e um traço meio selvagem. Há cinquenta mil pessoas nas arquibancadas e outras milhões assistindo pela televisão ou ouvindo pelo rádio. O que você fizer neste momento será relatado para outros milhões nos telejornais da noite e nos jornais de amanhã. Como é que você pode desempenhar sob tamanha pressão?

Você tem que fazer uma dissociação adaptativa – afastar não só as multidões, mas também qualquer pensamento de fracasso ou sucesso. Você tem que conseguir concentrar-se totalmente no lançador e sua bola rápida, estar presente nesse instante que dura um milissegundo. Alguns atletas falam de conseguir desligar-se da multidão: permitem o acesso do público como se fosse água jorrando de uma torneira que conseguem fechar no momento certo.

Atletas profissionais são pessoas verdadeiramente excepcionais, não apenas em sua força (aperte a mão de um profissional e sentirá a força no ombro e braço), mas também em sua coordenação viso-motora e sua acuidade mental. Realizar o seu melhor, dia após dia, implica poder livrar-se de erros passados (o jogo perdido de ontem precisa ser esquecido hoje), o escrutínio constante, o prazo limitado do contrato ou o fato de que sua esposa está para abandoná-lo pelo lançador do time oponente. Você *tem* que dissociar, ou então fracassará.

A capacidade de dissociar criativa e adaptativamente é essencial para qualquer atividade, em qualquer nível. Essa necessidade apenas é amplificada quando se trata de desempenho profissional. O pianista clássico, o ator, o advogado no júri, o cirurgião, todos precisam aprender a alcançar níveis elevados de concentração, sob pena de não conseguirem maximizar suas habilidades. Nesse estado de absorção, uma pessoa pode não perceber o cantar de pneus e as sirenes do carro de polícia passando em uma rua próxima.

A dissociação adaptativa, no entanto, não costuma ocorrer sem algum grau de dissociação mal-adaptativa – e algumas pessoas sofrem mais do que outras. Tratei, uma vez, um jogador de beisebol que sofria de profundos abatimentos. Passamos por todo o protocolo de EMDR. À pergunta "Onde você sente isso no seu corpo?", respondeu: "Está no meu estômago... mas não o sinto". (Tradução: "Estou dissociado do meu corpo".) Acabou que seu pai tinha sido violento com ele e a dissociação foi desenvolvida para dar-lhe proteção. Enquanto estivesse rebatendo bem, ele estava bem, mas quando o jogo ia mal, suas depressões eram prolongadas e dolorosas. Finalmente, procurou ajuda comigo. O abatimento estava relacionado à sua percepção de si mesmo. "Não consigo disfarçar. Eu realmente sou desprezível." Na primeira sessão com EMDR, recuperou seu entusiasmo e, na segunda, sua autoconfiança retornou. Passou seis semanas em uma maré de rebatidas. Não posso atribuir tudo ao EMDR, pois acredito que, com o tempo, ele mesmo sairia do abatimento. Os efeitos das sessões, no entanto, puderam ser vistos de imediato.

PETE: BOLA ALTA

O lançador de beisebol Carl Mays matou um jogador de nome Ray Chapman com uma bola rápida que o atingiu na cabeça. O trauma da experiência destruiu a carreira de Mays, que ficou com tanto medo de atingir outra pessoa que perdeu sua perícia. Há alguns anos, um jogador rebateu uma bola para a arquibancada e essa bola bateu em uma criança, fraturando seu crânio. Até então, aquele rebatedor atingia as bolas na razão de 0,300. Depois do incidente, sua média caiu para 0,225, e suas jogadas de campo, até então impecáveis, deterioraram para uma série de erros. Ninguém comentou nada sobre esses casos, mas, a meu ver, são casos claros de TEPT.

Em ligas menores, Pete, um paciente meu, foi atingido na cabeça por uma bola, fato que produziu nele efeitos físicos e psicológicos profundos. Compensou a situação e conseguiu entrar para uma das ligas principais. Ele era, contudo, um acidente por acontecer. Um enorme sintoma de TEPT é o medo exagerado de que o trauma volte a acontecer. No caso de Pete, o sintoma se manifestou três anos mais tarde em um jogo local, quando, após um lançamento, a bola passou raspando por sua cabeça. Ele rapidamente se desestruturou, não somente na hora de rebater ou no campo, mas na sede do clube, onde se isolou dos colegas de time, do treinador, da imprensa e até de sua esposa. Sentia-se um fracasso e o psicólogo de esportes contratado pelo time não foi capaz de ajudá-lo.

Quando Pete me procurou, usamos o evento disparador como alvo. Ele começou com o impacto da bola em sua cabeça quando jogava nas ligas menores e dali saltou para um acidente de carro quando ele tinha quatro anos. Um carro bateu por trás no automóvel da família que bateu na lateral de uma ponte e parou sobre a lateral, de forma que tudo o que ele conseguia enxergar era a água abaixo dele. Pete não se lembrava do acidente até que ressurgiu durante nossa sessão, mas uma vez que relembrou, ele foi capaz de relacionar o acidente com a total perda de controle que sentiu após o golpe da bola em sua cabeça. Na verdade, se tivéssemos reprocessado apenas o impacto da bola (ou se não tivéssemos utilizado EMDR) é possível que ele nunca tivesse recuperado totalmente o equilíbrio.

Somente depois que Pete reprocessou o golpe da bola em sua cabeça e o acidente, foi que nós pudemos nos dirigir ao incidente disparador, o lançamento fatídico que passou rente à sua cabeça. Foram cinco minutos para que o SUDS descesse para zero. O trabalho estava basicamente terminado. Acompanhei seu progresso nos jornais e na televisão. Imediatamente, entrou numa maré de rebatidas e suas jogadas de campo voltaram ao normal. Logo depois, quando minha família e eu assistíamos a um jogo pela televisão, ele rebateu uma bola muito difícil marcando pontuação espetacular. Quando o comentarista perguntou "O que foi que deu no Pete?", eu sorri. Eu sabia qual era a resposta.

ACOMPANHAMENTO

Trabalhando com desempenho, o EMDR não obtém sucesso em apenas uma sessão. Se na área imobiliária o lema é "alugar, alugar, alugar"; no trabalho de desempenho com EMDR, o lema é "acompanhar, acompanhar, acompanhar". Sem acompanhamento, qualquer coisa pode acontecer. Ao embaralhar as cartas, o desempenho pode melhorar ou piorar temporariamente. Se mexermos em questões negativas sem reprocessá-las completamente, há risco de regressão. Se o paciente *parece* relaxado, mas não foi feito trabalho suficiente, teremos problemas. Com Pete, por exemplo, tivemos seis sessões de acompanhamento e várias ligações telefônicas quando ele estava na estrada.

Logo no início de minha carreira com EMDR, trabalhei com uma equipe de tênis de uma escola de ensino médio. Os jogadores obtinham bons resultados em torneios jogando sozinhos, mas tinham dificuldades para jogar em duplas. Convidado pelo treinador, trabalhei com a dupla favorita da equipe em uma ótima sessão que deixou nós três exuberantes. Foram ao jogo – e perderam, apesar de sentirem-se muito bem. Ao final da primeira sessão, eu não sabia o suficiente para dizer: "Não podemos afirmar quais serão os efeitos desta primeira sessão. Quando vocês retornarem, poderemos começar a avaliar os efeitos do trabalho". Em outras palavras, não os eduquei quanto à necessidade do acompanhamento.

Nas sessões de acompanhamento, primeiro avaliamos o que mudou favoravelmente, e fortalecemos isso com mais EMDR e estimulação bilateral. Revisamos os aspectos negativos que permanecem, e então continuamos a processar essas áreas problemáticas que, em geral, estão mais reduzidas e mais identificáveis. Por todo o processo, educamos o cliente sobre o que esperar e - principalmente com artistas e desportistas que ficam muito tempo na estrada – os preparamos com técnicas que possam ser utilizadas fora do consultório, e que os ajudem a relaxar a mente e o corpo para que possam livrar-se das coisas negativas na hora em que elas aparecem, e aumentar as positivas com estimulação de música bilateral. Os CDs de música bilateral são bastante eficazes se usados por quinze a trinta minutos antes de um jogo ou atividade; auxiliam a manter o sistema equilibrado, alerta mas não hipervigilante, relaxado mas concentrado.

Ainda assim, o principal trabalho do EMDR deve ser feito cara a cara: no consultório ou, se necessário, na casa ou escritório do cliente. Como sempre, confiança é o fator chave. Uma pessoa coloca nas mãos do terapeuta a responsabilidade de fazer alguma coisa que ele ou ela não consegue fazer sozinha. Com celebridades, essa relação precisa ser bem compreendida como um relacionamento no qual não pode haver exploração e a confidencialidade é garantida. Astros têm toda a razão para serem desconfiados (pense nos aproveitadores); muitos tiveram mais experiências humanas negativas do que positivas. O trabalho com EMDR auxilia-os a serem eles mesmos.

VLADIMIR: APÓS A QUEDA

O EMDR ajuda atores e músicos a trabalharem com inúmeras questões que os atrapalham. Discutirei criatividade – imperativa para qualquer artista – no próximo capítulo, mas, às vezes, o que parece ser um simples trauma físico requer cura mais profunda antes que a atividade possa ter prosseguimento.

Vladimir é violinista de orquestra que recentemente caiu de uma escada e machucou, gravemente, seu punho direito. Considerando a destreza necessária para tocar violino, esse ferimento constitui, obviamente, um trauma grave que colocou em risco a fonte de renda de Vladimir, sua expressão criativa e sua reputação. Curar-se de tal ferimento torna-se um processo emocionalmente carregado. Para se adaptar a uma lesão, as pessoas normalmente começam a se movimentar de modo diferente, aumentando a possibilidade de sofrer outras lesões. Também pode perder a crença no processo de recuperação ("Nunca mais voltarei a exercer a profissão que tanto amo!"), ou sentir culpa ("Como pude ser tão burro?").

A recuperação de Vladimir não estava acontecendo na velocidade que os médicos previram. A razão para isso seria física ou psicológica, ou uma mistura das duas? Se na terapia ele tivesse se concentrado apenas na lesão e nas dificuldades relativas à sua recuperação, poderia ter alcançado sucesso, porém, na melhor das hipóteses, limitado. Na verdade, alguns terapeutas poderiam ter como objetivo somente fazer com que ele voltasse a se apresentar – abordagem que visa "a melhor adaptação possível" – mas eu acreditava que ele poderia ir além.

Por meio do processamento com EMDR, veio à tona que Vladimir era ambidestro, embora inclinado a ser canhoto. Em casa e na escola, seus pais e professores forçaram-no a usar a mão direita. Essa coerção não o afetou apenas fisicamente, como também dificultou sua habilidade para aprender. Cresceu com a ideia de que: "há algo errado comigo" e "não consigo pensar direito". Por fim, enquadrou-se tanto em casa quanto na escola, mas levou de quatro a cinco anos, e ainda estava social e academicamente atrasado, com um desejo inflamado de alcançar os demais. Será que alcançou sua perícia *em decorrência* desse desejo de compensação? Impossível dizer - uma vez estabelecido como violinista, a questão foi esquecida. O ferimento no punho, no entanto, trouxe-a de volta com força total. Sua cognição negativa de que "há algo errado comigo" estava visivelmente relacionada aos efeitos físicos do acidente, mas também era uma dica quanto aos problemas anteriores.

Foram necessárias cinco sessões duplas de EMDR para Vladimir fazer a conexão entre a circunstância atual e sua experiência infantil. Nenhum terapeuta pode, eficazmente, informar um paciente dessa conexão; é necessário que ela faça sentido temporal para ele, sistêmica e organicamente. Uma vez integrada, no entanto, leva o paciente a um novo nível de equilíbrio.

Com o passar do tempo, Vladimir voltou ao palco da orquestra. Seu ferimento prejudicou-o em algumas áreas técnicas, mas gradualmente começou a sentir que estava tocando melhor do que nunca. Achava que suas apresentações estavam melhores, mais criativas. Sentiu que se conhecia melhor, e que o instrumento, uma parte dele mesmo assim como seus dedos e seu coração, expressavam mais aquilo que ele sentia. Mais duas sessões o ajudaram a aprofundar essas percepções.

Ao propiciar acesso ao sistema corporal e seu vasto potencial, o EMDR pode levar os artistas – pode levar todos nós – além daquilo que já alcançamos, a um nível mais elevado de eficiência. Não apenas cura traumas; ele toca a parte de nós que chamamos de nosso Eu criativo.

CAPÍTULO 10 – Aumentando criatividade

Cada um de nós – do bebê ao idoso, do funcionário burocrático ao escultor – expressa, diariamente, nossa criatividade. Sempre que embrulhamos um presente de Natal, ou dançamos, cozinhamos, escrevemos uma carta, compramos gado ou fazemos amor, estamos sendo criativos. O executivo que fecha um negócio é tão criativo quanto o cientista, o professor, o mecânico, o sapateiro. *O pensamento* é criativo. Aqueles que afirmam "não serem criativos", simplesmente não compreendem o sentido completo do termo.

Quando falamos em criatividade, no entanto, referimo-nos, em geral, à criatividade *artística* e, neste caso, é verdade que algumas pessoas – pintores, escritores, músicos, diretores, coreógrafos – são mais criativas que outras. Mike Vance, cofundador da *Creative Thinking Association of America* (Associação América do Pensamento Criativo) define criatividade como "a criação do novo e a reorganização do velho de maneiras diferentes", e Edward de Bono, autoridade na área do pensamento criativo, afirma que "Em nível mais simples, 'criativo' significa trazer à existência algo que antes não existia". Ambas as definições se aplicam à arte, seja ela amadora ou profissional.

Acredito que a criatividade artística, ao contrário da criatividade cotidiana, tem origem em duas fontes: a habilidade de perceber aquilo que a maioria das pessoas não percebe e representá-lo de modo singular; e da capacidade de usar coisas comuns para produzir algo original. Essa criatividade emana de dentro, gerada espontaneamente e, posteriormente, refinada. Requer abertura emocional, flexibilidade mental e autoconsciência. E, em todos nós, pode ser aumentada pelo EMDR.

DESEMPENHO X CRIATIVIDADE

Melhorar o desempenho e desenvolver a criatividade possui paralelismos óbvios, mas também diferenças claras. Melhora de desempenho pressupõe passar da experiência interna para tarefas comportamentais específicas. Uma vez removido o bloqueio, você ainda precisa realizar uma tarefa específica – é preciso *rebater* aquela bola. Por outro lado, a melhora da criatividade está mais relacionada à abertura interna e à espontaneidade. Após remover o bloqueio, a criatividade abre-se automaticamente e começa a fluir.

Por exemplo, bloqueio de escritor pode ser reduzido ou dissolvido meramente tendo como alvo e reprocessando as causas experimentais e históricas do bloqueio. Na verdade, o escritor não precisa especificamente *fazer* nada além de retomar seus padrões anteriores de deixar fluir sua imaginação para a página (ainda que o ato físico de escrever seja, em si mesmo, um "desempenho"). Por outro lado, aplicar EMDR a desempenho deve levar a melhoras específicas nas tarefas e funções comportamentais – concentração e afunilamento.

Outro contraste é que aqueles envolvidos em atividades de alto desempenho têm normalmente enfoque externo nas suas ações e podem estar dissociadas dos seus processos internos, que precisam ser acessados sob pena de a criação, em seu aspecto mais profundo, tornar-se impossível. O violinista de orquestra – ou qualquer outra atividade inerente à arte criativa – combina os dois enfoques: externo *e* interno (se bem que, quantas vezes você já leu a respeito de um violinista que é "tecnicamente fantástico, mas lhe falta alma"; e que Artur Rubinstein tocava muitas notas erradas, mas, mesmo assim, foi um dos maiores pianistas de todos os tempos). A natureza da tarefa determina o equilíbrio entre criatividade e desempenho.

TERAPEUTAS DE EMDR E PACIENTES COMO CRIADORES

EMDR é um método e uma forma de arte. Quando um paciente se move suavemente de um pensamento para outro e de uma memória para outra isto é, em si, um processo criativo. A interação entre o terapeuta e o paciente é uma forma de arte também.

Por natureza, a criatividade tem lugar no momento. O terapeuta sintoniza e escuta no momento e então flui com seus clientes onde quer que ele vá. O EMDR é tão estruturado, com seu protocolo específico, que parece ser menos criativo do que psicanálise de livre fluxo ou terapia gestalt. Mas isso não é real. Na verdade, a estrutura sustenta intensa criatividade. O poeta que trabalha dentro de uma estrutura – um soneto, por exemplo – cria maravilhas em beleza e significado; o compositor, usando a forma ou estrutura de uma sonata, pode tocar-nos a alma. Picasso e Jackson Pollock foram mestres na linha e na forma.

Em terapia, quanto mais acesso o terapeuta tem ao sistema corporal da pessoa – o inconsciente corporal – mais disponível estará para a criação no momento. A própria cura é espontânea e criativa por si só, constituída de inúmeros momentos que, entrelaçados, produzem um tecido singular. EMDR trabalha com ativação direta da experiência sensorial, cognitiva, afetiva e corporal – todas no momento. Não trabalha com o que aconteceu *lá*, mas com aquilo que o paciente experimenta *agora*. A crença negativa do paciente não é o que pensou a respeito de si no momento do incidente, mas o que pensa a seu respeito *no momento atual*. Ativar imagens, sons, cheiros e emoções, e a consciência de onde são sentidos no corpo, abre as aportas para o processamento criativo do EMDR.

Existe uma correlação entre o EMDR, *jazz* e atuação improvisada: dentro de uma estrutura, o terapeuta improvisa. Um terapeuta precisa ter um bom ouvido, não apenas para ouvir o paciente, mas, também, para perceber seu tom de voz, a altura, o volume e o ritmo, tanto quanto as "palavras" faladas que revelam a essência. Quanto melhor o ouvido, mais apto estará o terapeuta para ouvir o inconsciente e o ressoar do corpo.

MENTE E PENSAMENTO

Com frequência, as pessoas confundem *intelecto* com *intelectualizar*. Ao processar com EMDR, os pacientes às vezes confessam, em tom de pedido de desculpas, "Estou na minha cabeça", como se houvesse algum mal nisso, como se devessem estar no sentimento. Mas o *cérebro pensante é uma parte primária do sistema global,* e o pensamento costuma ser o centro da ação nas etapas finais da cura, da mesma forma que o foco maior, no início, é o corpo.

Inteligência e pensamento são partes integrais da criatividade. A confusão está quando usamos a intelectualização para negar ou evitar, e quando a racionalização substitui o pensamento significativo. A intelectualização tende a bloquear a criatividade. Mas, em geral, o processo intelectual é componente necessário do dom criativo, os lados direito e esquerdo do cérebro trabalhando juntos. Quando as pessoas se apresentam pensando intensamente durante o EMDR, costumo afirmar: "Sabe de uma coisa? Estar no pensamento é exatamente onde você precisa estar neste momento. Continue". Meus clientes, principalmente aqueles que já passaram por processos psicoterapêuticos prévios, olham para mim surpresos. Outros terapeutas sempre incitam a que "pare de intelectualizar, pare de racionalizar" e eu, ali, falando exatamente o oposto. O pensamento pode servir tanto para bloquear quanto para facilitar a cura.

CRIATIVIDADE NA INFÂNCIA

O período da vida em que a criatividade está mais disponível é na infância, quando a linguagem usada é o brincar. Gradativamente, no entanto, perdemos contato com a nossa parte criativa. Na condição de adultos, não temos tempo para brincar ou acreditamos que seja imaturo e improdutivo. Perdemos nossa crença na magia e na fantasia, tão essencial para o processo criativo. EMDR, com seu acesso à mente pré-verbal, ao inconsciente e ao corpo, promove a reconexão com nosso Eu criativo.

A criança que é criativa além do normal pode ser percebida como ameaçadora por outras crianças e, também, por adultos. Entre um e cinco por cento da população mundial é favorecida com dons artísticos. Como Alice Miller destaca em seu livro histórico *The drama of the gifted child* (O drama da criança superdotada), esse dom pode ser tanto uma maldição quanto uma bênção porque a criança superdotada é, em geral, evitada, reforçada negativamente na infância por colegas, pais e professores. A mensagem transmitida é "Você é louco, você é diferente, você é mau". Essa intimidação é especialmente traumatizante para a criança superdotada em razão de sua extrema sensibilidade.

Algumas crianças talentosas são confirmadas pelos adultos. Outras rompem seu isolamento encontrando um(a) melhor amigo(a) também superdotado(a). Para algumas, no entanto, o trauma é excessivo e elas se recolhem em si mesmas. Felizmente, a vida adulta apresenta oportunidades para que a criatividade reprimida venha à tona e para que os superdotados se vinculem com outras pessoas. Não é por acaso que grandes movimentos artísticos (composição musical do século XIX, Impressionismo Francês, os romances russos) emanem de um único grupo em um mesmo lugar, e nem é coincidência que atores e escritores tendam a congregar juntos. É entre eles mesmos que os superdotados na área da criatividade ficam à vontade, onde têm liberdade de falar o que pensam para pessoas que os "entendam".

A criatividade é imprescindível em qualquer terapia, mas na cura de superdotados ela é de relevância crucial, principalmente nos casos daqueles feridos na infância. Pessoas criativas tendem a processar de forma diferente com EMDR, às vezes de modo abstrato, com música, luz ou cor.

Tratei um músico e pintor que foi abandonado por sua mãe aos seis anos de idade. Seu processamento teve início com a imagem alvo da mãe indo embora, crença negativa "Não mereço nada", e SUDS igual a dez. Durante todo o processamento, compôs música e pintou cores dançantes. Após quatro sessões, fechamos o protocolo, sem imagem ou perturbação. Segundo afirmou, a resolução aconteceu sem que surgissem palavras ou pensamentos em sua mente durante as sessões de EMDR.

Se um terapeuta de EMDR não tem uma orientação criativa, pode, como um pai ou professor sem sintonia, retraumatizar pacientes criativos ao deixar passar os sinais e tentando redirecionar ou controlá-los. Pessoas criativas são propensas a processar mais profunda e rapidamente; seus "saltos" podem ser estonteantes e desconcertantes. Talvez tenham sido assim em sua infância, quando não eram compreendidas e rotuladas como portadores de "dificuldades de aprendizagem". Com EMDR, o terapeuta criativo pode "pintar com os dedos" junto com o paciente, sem ter medo de "fazer uma bagunça".

EMDR pode ajudar também com memória e concentração. Alguns terapeutas relatam que quando seus pacientes infantis escutam CDs contendo música bilateral enquanto estudam para provas, conseguem reter mais informação e sentem-se mais confiantes. Em pesquisa realizada por mim juntamente com o Instituto EMDR sobre CDs bilaterais, essa informação foi confirmada.

Adultos são igualmente beneficiados se estudam ouvindo sons bilaterais. Hal era um aspirante a advogado que não conseguiu aprovação nas provas profissionais por três vezes. Ao estudar para a quarta tentativa, ficou tão ansioso, que percebeu que lia várias vezes as mesmas páginas sem absorver informação alguma. Chegou a ponto de ter medo de pegar nos livros de direito. Duas sessões com EMDR libertaram-no da ansiedade e, quando estimulado bilateralmente usando sons por meio de fones de ouvido, foi capaz de concentrar-se. Poucos meses depois, ligou-me para comunicar que havia, finalmente, sido aprovado.

Da próxima vez que um nome ou pensamento fugir de sua mente, experimente mover os olhos ou apertar os punhos esquerdo e direito. A estimulação bilateral é impressionantemente eficaz para trazer à memória informação perdida e difícil de recuperar.

MITOS SOBRE A CRIATIVIDADE

O estereótipo do artista profundamente perturbado sustenta a ideia errônea de que experiências traumáticas geram criatividade. Na verdade, o trauma origina sintomas que bloqueiam o processo criativo por limitar o acesso livre do artista ao inconsciente, à intuição corporal e à receptividade sensorial.

Outro mito é que um artista precisa de certa quantidade de ansiedade para alcançar seu potencial máximo. Acredito que essa crença exista porque antes de se conhecer o EMDR, inexistiam ferramentas que permitissem desempenho máximo livre de ansiedade. É um falso conceito, semelhante à ideia formulada sobre o trauma antes do EMDR: "Nunca vou superar isso" e "Essa imagem horrorosa me acompanhará pelo resto da minha vida". Contudo, tenho usado o EMDR para ajudar atores, cantores e dançarinos a se apresentarem sem ansiedade. Quando o corpo está relaxado, as conexões se abrem, a criatividade flui e o desempenho alça vôo.

BLOQUEIOS À CRIATIVIDADE

BLOQUEIO DO ESCRITOR

Escritores que "não conseguem" escrever possuem a cognição negativa de "Eu não sou bom o suficiente. Não deveria ser escritor. Nunca mais vou escrever". Tornam-se ansiosos, deprimidos e imobilizados, tanto física quanto mentalmente. Ficam bloqueados.

Como esse problema pode não estar relacionado a um trauma? Com certeza, críticas negativas ou vendas ruins tornam mais difícil para um escritor seguir adiante – ninguém gosta de ser rejeitado. Bloqueios criativos, no entanto, costumam ter origem na infância, principalmente quando áreas da criatividade infantil, como alegria e brincadeiras, podem ter sido reprimidas.

Pode-se analisar o bloqueio de escritor do ponto de vista de estados de ego. Tess, incumbida de escrever um romance, sentia que estava bloqueada por alguma coisa ou alguém fora dela mesma. Possuía, também, uma crítica interna que não parava de censurá-la: "Você é uma escritora de araque. Você é uma fraude!". Fiz com que ela convidasse esse Eu crítico para acompanhá-la na sessão. Espontaneamente, visualizou uma adolescente de quatorze anos, irada e rabugenta. Tess deu-se conta de que, quando tinha essa idade, seus pais se divorciaram. Seu humor mudou e ela passou a ficar frustrada e rebelde em casa e na escola, sentindo-se incompreendida e deprimida. Durante a sessão, ativada por estimulação sonora bilateral, imaginou seu Eu adulto competente e cuidadoso aproximando-se de sua adolescente crítica com cuidado. Foi preciso tempo e sensibilidade, mas seu Eu adulto finalmente conquistou o Eu adolescente. Tess relaxou aliviada. Enquanto se abraçavam, a adolescente imaginária fundiu-se com a adulta. No dia seguinte, Tess estava de volta diante do computador, usando fones de ouvido, criatividade fluindo.

SYLVIA: ESTE REGISTRO ESTÁ FECHADO

Difícil imaginar que alguém que seja perito em um instrumento venha, um dia, a deixá-lo de lado para nunca mais tocar. Por que alguém iria querer ou precisar cortar o fluxo da criatividade? Não há respostas definitivas, mas isso ocorre o tempo todo. Aconteceu com Sylvia.

Aos cinquenta anos de idade, procurou-me devido à depressão, um sentimento de que era severa demais consigo mesma, e baixa auto-estima. Somente depois de quatro meses usando EMDR foi que compartilhou que, um dia, fora cantora profissional. Quando estava com vinte e sete anos, no entanto, perdeu totalmente seu registro musical, que nunca mais retornou.

Perguntei-lhe o que acontecia em sua vida naquela época.

"Eu estava estressada", disse, "com relacionamentos e problemas financeiros", mas nada que parecesse muito profundo. Sua mãe fora crítica e verbalmente abusiva durante sua infância, mas isso não explicava a perda de voz de Sylvia. Por um tempo, não quis falar no assunto, mas depois de meditar sobre a questão por duas semanas, resolveu enfrentá-lo.

Apesar de ter convivido com essa situação por trinta anos, Sylvia nunca contara a ninguém: aos vinte e sete anos, sofreu um estupro e engravidou. Quase imediatamente, perdeu sua habilidade para cantar. O aborto era ilegal, mas mesmo assim ela o fez. O procedimento foi ainda mais traumático por ter sido às escondidas, além de ter passado por isso sozinha. Embora se lembrasse do incidente, sua dissociação emocional impedia-a de relacionar o fato com a perda de voz. Lentamente e com todo o apoio necessário, fizemos o EMDR.

No início do processamento, percebeu que o que teve início como trauma agudo, tornou-se crônico e tudo aquilo que decorreu dele afetou sua vida. O estupro ecoava junto com os ataques verbais da mãe. O aborto foi tanto uma retraumatização quanto um trauma em si.

O processamento continuou. O alvo era a lembrança do estupro e a crença negativa, "Eu pedi por isso". Quando ela falava sobre isso, sentia a garganta apertar e associava o aperto a situações em que sua mãe a agarrava pelo pescoço mandando-a "calar a boca". O estuprador a enforcara com tanta força que ela desmaiou. Durante o aborto, recebeu a anestesia por meio de uma máscara. Entrou em pânico e tentou falar, mas o anestesista segurou a máscara sobre o seu rosto de forma que ela não conseguia emitir nenhum som. Quando, graças ao EMDR, a dissociação emocional acabou, as razões que a levaram a perder a habilidade de cantar se tornaram óbvias para ela. Durante o processamento, fez todas as conexões e, posteriormente, reprocessou todos os incidentes por conta própria. Proporcionei-lhe uma rede de segurança e o apoio que precisava para enfrentar a angustiante verdade; a seguir, relaxou.

Assim que seu nível de perturbação caiu para zero em todos os aspectos do trauma, perguntei em voz alta: "Onde você está no que se refere à sua habilidade de cantar?".

Sylvia mostrou-se bastante reticente quanto a tentar ver se conseguia cantar. O medo de não conseguir eliciou sentimentos de vergonha. Ao processar esse sentimento, concordou processar *imaginando-se* cantando, ouvindo-se cantar. Uma vez que conseguiu fazer isso sem ansiedade, começou a cantar devagar, mas espontaneamente, com um timbre de voz maravilhosamente puro, bem ali, na frente de meus olhos e ouvidos. Aquele instante nos levou às lágrimas.

HENRY: OS SONS DO SILÊNCIO

Faltando um ano para concluir a escola de teatro, Henry, ator de enorme potencial, sentia-se cada vez mais perdido no palco. Durante as apresentações, simplesmente não conseguia sintonizar com os outros atores ou com seus personagens. "É como se não pudesse ouvir o que está acontecendo à minha volta", disse.

Quando fizemos o EMDR usando como alvo o pior dos seus sentimentos de estar desconectado, Henry informou-me que tinha sido um músico prodígio, um violinista que se mostrava proficiente também em outros instrumentos de corda. Uma manhã, aos seis anos, quando acordou, estava totalmente surdo. Ficou aterrorizado. O processamento fez emergir dúzias de lembranças bem definidas, todas girando em torno dessa perda repentina. Levou seis meses para que os médicos resolvessem qual seria o melhor tratamento e, durante esse tempo, ele permaneceu frequentando a mesma escola. Apesar de não ouvir, a professora o tratava como se fosse um aluno rebelde. Finalmente, nove meses depois do trauma, submeteu-se a uma cirurgia e recuperou a audição. Voltou ao violino, mas nunca mais foi o mesmo, e quando adolescente decidiu fazer teatro.

O processamento com EMDR evocou emoções tremendas. Lembranças de sua prisão silenciosa lhe traziam soluços, sentimentos de horror e de desconexão, muito parecido ao que sentia atualmente quando subia ao palco. Passou de profunda tristeza à raiva pela maneira que sua surdez havia sido tratada e, depois, à dor pela perda de sua musicalidade. Recordar levou-o a reprocessar e à cura. E sua atuação começou a deslanchar. Seu bloqueio – o sentimento de estar perdido e desconectado – gradativamente sumiu. Ele não apenas se recuperou, mas o EMDR abriu para ele novos horizontes, novos caminhos de criatividade. Enquanto a criatividade de Sylvia foi restaurada, Henry tomou posse da sua e a desenvolveu. E a cura deles elevou-me o espírito.

EXPANDINDO CRIATIVIDADE

Se for verdade que todas as pessoas são criativas, então todos têm potencial para expandir essa criatividade, removendo os bloqueios (geralmente provocados por traumas) que impedem a sua expressão. Tenho sido surpreendido com as respostas ao EMDR por parte de pessoas que, inicialmente, não se mostram particularmente criativas (e pelas respostas espirituais por parte de gente que não parece estar ligada a sua espiritualidade). O EMDR abre e vincula todos os aspectos do Eu, sintetizando o intelectual, o emocional, o físico, o sensorial e o espiritual. Qualquer que seja o nível de criatividade do paciente, o EMDR o intensificará.

BETH: SEGUINDO O SEU ARCO-ÍRIS

Beth, pintora de aproximadamente trinta e cinco anos, já havia passado por terapia com EMDR para cura de trauma. Procurou-me, não para obter cura, mas para melhorar suas habilidades de pintora. Havia outras questões, mas contou-me que, por meio do EMDR, percebera novos caminhos para onde sua pintura poderia levá-la. Não havia bloqueio; havia o desejo de explorar novos horizontes. Sabia que seu ponto forte era o uso das cores e, durante o processamento, começou a enxergar novas cores, e, literalmente, a sentir sua textura e seu sabor. Quando usou como alvo formas e sombras, alçou vôo, e quando retornava para sua casa após as sessões, descobria mudanças e brechas inesperadas. A cada nova sessão os benefícios obtidos eram reforçados.

No caso de Beth, o EMDR pegou alguém que já se encontrava em um alto nível e permitiu que fosse além. Assim como todos usamos somente uma pequena parcela de nosso potencial cerebral, usamos apenas um traço de nossa criatividade. Independentemente de quão bem-dotados ou relativamente desbloqueados sejamos (ninguém é *totalmente* desbloqueado), a criatividade pode ser intensificada. O EMDR é uma excelente ferramenta para isso.

Explorando a criatividade, podemos descobrir um sentido e propósito existenciais para nossa arte, elevando-nos a níveis além de nossa consciência. A arte implica viajar além de nossas limitações. Pintar é uma dessas viagens; a música e a escrita são outras. E o teatro é uma quarta viagem, sem precedentes.

CAPÍTULO 11 – Oficina de novos atores: EMDR e o ator

Atores são as pessoas que melhor respondem ao EMDR. Na verdade, isso não me surpreende, uma vez que o treino para dramatizar é extremamente vivencial, emocional e corporal. Para criar um personagem, os atores precisam abrir-se e mergulhar em si mesmos de modo a ativar as emoções contidas em seus próprios sistemas de memória. Konstantin Stanislavski ressalta em *An actor prepares* (Um ator se prepara) que "memória sensorial" (terminologia dele) é o alicerce para a dramatização – e o método de "memória sensorial" é semelhante ao método de EMDR. Embora terapeutas necessitem conhecer a história do paciente para compreender a origem dos sintomas e o comportamento atual, professores e preparadores de teatro desencorajam os atores a desenvolverem uma história extensa para o personagem, acreditando que isso leva à intelectualização e não à espontaneidade.

Em geral, escritores de peças teatrais não fornecem muita informação histórica sobre os personagens e, portanto, os atores buscam suas próprias experiências como seus modelos emocionais. Minha crença é que um personagem em cena é uma pessoa que está inserida em um contexto específico e que contém uma história que molda suas reações a essa situação. E os aspectos que mais determinam a história do personagem, bem como a do ator, são as fases de desenvolvimento da infância e as profundas experiências de vida que deixam indeléveis marcas no destino do personagem.

Aqueles que estão familiarizados com o EMDR conhecem seu valor em ajudar atores com suas lutas pessoais, assim como em reduzir a ansiedade de desempenho e dirimir bloqueios criativos. É irônico que na condição de não ator, eu tenha tropeçado em uma forma de usar o poder do EMDR para treinar a dramatização – auxiliar atores a se embrenharem profundamente em seus personagens em velocidade máxima.

UM NOVO SISTEMA DE DRAMATIZAÇÃO

As sementes de minha descoberta foram plantadas há muito tempo. Meus pais costumavam levar minha irmã e eu, quando éramos crianças, ao cinema, e eu era fascinado por todos os aspectos do filme, principalmente com a criação do personagem pelo ator. Minhas fantasias de tornar-me bombeiro foram suplantadas por meu desejo de ser ator – e alcançar a imortalidade.

Em casa, meu interesse na dramatização era apenas mais um jeito de estar em descompasso com minha família. Além disso, minha timidez e falta de autoconfiança inibiam-me e, portanto, nunca fui atrás desse desejo. Somente muito tempo depois, descobri que inúmeros atores sofrem de dolorosa timidez e insegurança.

Um terapeuta precisa ser também um ator. De várias maneiras, toda sessão é uma representação voltada para o benefício e a cura do paciente. Como terapeuta, tenho sido exposto a milhares de encontros dramáticos com pessoas tão interessantes quanto qualquer personagem de uma peça teatral. E passei a compreender, intuitivamente, a motivação de suas ações.

Um dia, em uma viagem de avião para Los Angeles, onde iria receber treinamento para me tornar facilitador em EMDR, sentei-me ao lado de Evan Seinfeld, jovem com músculos bem definidos e tatuagens pelo corpo. Logo, começamos a conversar e descobri que ele era o cantor principal da banda Biohazard, que tocava *heavy metal*. Eu só a conhecia porque meu filho, Jonathan (à época com quatorze anos), assistia a seus vídeos na MTV.

Rapaz sensível e inteligente, logo nos conectamos, compartilhando nossos interesses nas áreas de música, esporte e cinema, e nossa experiência em comum de crescer nas ruas de Queens e Brooklyn. Descobrimos, inclusive, que havíamos frequentado, doze anos atrás, o bar mitzvah do filho de um amigo. Trocamos cartões, mantivemos a amizade por telefone e nos juntávamos em Nova York quando Evan não estava viajando.

Jonathan ficou louco quando soube da minha nova amizade e pediu-me para participar do próximo vídeo da banda. Repassei o pedido ao cantor, que disse: "Quando acontecer, aviso você, mas terá que trazer o Jonathan aqui na mesma hora".

Fiel à sua palavra, alguns meses depois Evan ligou de Los Angeles com a notícia: "Começamos amanhã cedo. Se conseguir trazer Jonathan hoje à noite, há um papel para ele – e para você também".

Tentei aparentar calma deixando o entusiasmo de Jonathan abafar o meu, mas meu sangue de ator há tanto tempo esquecido, pulsava em minhas veias. Tomamos o avião aquela tarde e só então descobrimos que todos os hotéis estavam sem vagas, em virtude de várias convenções na cidade. Liguei para Evan, que convidou: "Venha ficar conosco. Temos bastante lugar na suíte do hotel". Entramos no quarto e conhecemos os demais integrantes da banda; Jonathan virou-se para mim e afirmou: "Pai, você é incrível!" Finalmente, eu era um herói.

O cenário para um vídeo é, basicamente, igual ao de um filme e, quando entrei, senti uma empolgação infantil. Meu papel era o de um cientista maluco mau que queria controlar Evan e a banda com repressão autoritária. Era uma situação do tipo Grande-Irmão-Está-Te-Vigiando de *1984* (livro de George Orwell). Eu ficava atrás de uma divisória de vidro girando botões em um painel e tentando controlar os prisioneiros do meu experimento. Um deles, Evan, era indomável. Meu personagem deveria, então, entrar na cela e identificar Evan para que dois seguranças o agarrassem e o tirassem dali.

Tudo bem, não era nenhum *Hamlet*. Mas levei o papel bastante a sério, dizendo para mim mesmo: *Como é que eu quero fazer isto? Esta é a minha chance de atuar e não quero só passar pelas cenas.* Para me acalmar, apertava as palmas das minhas mãos, primeiro a esquerda, depois a direita e, logo, fui tomado por um pensamento de ator: *Qual é a minha motivação?*

A resposta veio rapidamente: *Odeio o Evan.* E então: *Por que eu o odeio? Porque tenho medo dele – é por isso que preciso obter controle sobre ele.* Enquanto eu pensava essas coisas, uma memória surgiu em minha mente. Eu era um adolescente discutindo com meu pai, que estava sendo duro e agressivo. Só que meu pai de verdade nunca foi nem duro, nem agressivo. Compreendi que essa lembrança não era "minha", mas pertencia ao cientista maluco. O pai dele fora duro com ele e o controlava, e eu, o cientista, repetia esse comportamento com Evan.

Outras lembranças criadas começaram a fluir no personagem: eu fui humilhado na escola, chamado de *nerd* pela galera "legal" porque eu usava óculos e andava com os pés virados para fora. Com isso, disse a mim mesmo: *Quando começarem a filmar, eu entro na cela e ando com meus pés voltados para fora; vou deixar minha condição de nerd intensificar a raiva e minha necessidade por controle.*

"Ação!", gritou o diretor, e eu adentrei a cena, completamente absorto por meu personagem. Caminhei até Evan e ficamos cara a cara, apontando para ele com a autenticidade de quem não estava fingindo. Os seguranças o retiraram dali, seguindo as instruções, e eu os acompanhei para fora do local.

Uns dez minutos depois, Evan foi atrás de mim nos bastidores. "O que deu em você? Quando você me olhou, cara a cara, quase me matou de medo." (Isso vindo de um homem, lembrem-se, criado nas ruas do Brooklyn!)

A filmagem continuou até às três horas da manhã e eu tinha mais três cenas, e as encenei impelido por minha técnica recém-descoberta. Também tive o prazer de assistir a filmagem de Jonathan, que desempenhou o papel de um zangão vestido com as mesmas roupas que os integrantes da banda, seguindo-os para onde quer que fossem, tanto em cena quanto fora dela.

A essa altura, pressenti que havia criado algo especial, algo além das minhas expectativas. Deixei-o no fundo de minha mente, aguardando o lugar e o momento certo para fazê-lo emergir.

OFICINA DE NOVOS ATORES

Seis meses depois, George Morrison, presidente da *New Actors Workshop* (Oficina de Novos Atores) me ligou do nada. Frequentara uma palestra com Francine Shapiro e interessou-se no potencial do EMDR para capacitar atores. Um de seus amigos, terapeuta de EMDR, mencionou que eu havia trabalhado com artistas que enfrentavam dificuldades com ansiedade e bloqueios criativos. Perguntou-me se eu estaria interessado em conversar com ele na oficina. Claro, respondi, lembrando-me de como usei o EMDR para entrar rapidamente no personagem do cientista maluco. Marcamos um encontro para a semana seguinte.

Além de George, estava na reunião Rex Knowles, um de seus melhores professores de teatro. Após quinze minutos, tempo que levamos nas apresentações, a conversa voltou-se para o EMDR. George imaginava que essa poderosa ferramenta clínica poderia ser aplicada na dramatização. Comentei que talvez eu tivesse encontrado uma forma de fazer essa aplicação.

A maioria das pessoas poderia reagir fazendo um monte de perguntas, mas não foi o caso destes atores. Isso é uma das coisas que adoro em atores – sua mente aberta e disposição para explorar. Rex afirmou: "Vamos lá!", ao que respondi prontamente: "Escolha um personagem".

Pensou por um instante. "Sidney, de *Absurd Person Singular* (Pessoa absurda singular). Eu fiz seu personagem nos anos 70. Trata-se de um contador preocupado."

Desenvolvi a técnica consideravelmente depois deste dia, mas naquele momento, apenas disse: "Certo. Você é o Sidney e eu vou aplicar o EMDR em você no papel de Sidney.".

Para ele, não era nada demais. Parecia a mesma pessoa para mim, mas, de repente, não era mais Rex. Eu estava cara a cara com Sidney.

Perguntei ao Sidney: "O que incomoda você agora?".

"Mesmo que eu seja um contador bem-sucedido, às vezes fico inseguro com relação às minhas habilidades."

"Muito bem, comecemos com isso." Pedi a ele que colocasse os fones de ouvido e toquei um CD com música bilateral. "Deixe sua mente vagar até alguma experiência de insegurança em sua vida infantil, não como Rex – ele não está aqui – mas como Sidney."

"Estou no terceiro ano", informou, balançando a cadeira para frente e para trás. "Estou sentado na sala de aula. Errei feio um problema e a professora está brigando comigo. 'Você nunca será bom em matemática', ela zomba. Eu sinto uma mistura de raiva e humilhação."

"Onde, no seu corpo, você sente isso?"

Sidney pensa um pouco. "Está passando do meu abdome para o meu peito." Então, seus pensamentos saltam para sua família – mãe, pai e duas irmãs – e o sentimento que lhe transmitiam de que, de alguma forma, ele não conseguiria, jamais alcançaria o sucesso. Seus olhos pousaram diretamente nos meus. "Essa mensagem tem assombrado minha vida inteira."

Nos primeiros segundos após essa última revelação, achei que fosse Rex falando comigo como Rex, mas então percebi que fui enganado por sua atuação; era Sidney falando comigo. Perguntei-lhe se Rex estaria pronto para retornar e vi, em seu rosto, a metamorfose. Em alguns segundos, Rex estava de volta.

"Caramba!", exclamou Rex, "isso foi incrível.".

Eu também achei que tinha sido incrível. Afinal, a técnica era puramente teórica para mim. Até aquele instante, não tinha a menor ideia do seu potencial. George Morrison estivera observando a experiência atentamente, sem interromper. "Sabem de uma coisa?", comentou quando encerramos, "acabei de ver um cara que não sabe nada sobre ensinar dramatização fazer mais coisas em dez minutos do que qualquer instrutor faria em horas de trabalho.".

George pediu-me para experimentar essa técnica com sua turma avançada de trabalho cênico e, prontamente, concordei.

TRABALHO DE CENA

Cheguei à sala de aula na semana seguinte e fui recepcionado por um grupo de atores fazendo uma cacofonia de exercícios vocais e treinando falas. Senti-me deslocado. Um não ator trazendo uma nova abordagem fora lançado sobre eles sem qualquer preparação. Mostraram-se curiosos, confusos e céticos. Contudo, percebi que havia interesse. Dois alunos haviam preparado uma cena de *Death of a Salesman* (Morte de um vendedor) em que Biff acusa o pai, Willy Loman, de adultério. George os instruiu a subirem no palco e eles apresentaram a cena com capricho. Então, George fez um sinal com a cabeça para mim e eu subi ao palco para fazer a minha parte.

Perguntei: "Quem gostaria de experimentar?" Eles se entreolharam e, então, o que fez o papel de Biff, um ator de nome Jim, foi o voluntário. Passei para ele os fones de ouvido com uma breve explicação de como funcionava o processo. "Daqui para frente, estarei conversando com Biff e não com Jim. Deixe sua memória voltar no tempo para alguma lembrança que tenha relação com esta cena."

"Pronto. Eu tinha cinco anos e meu pai, Willy, ia partir em uma viagem de vendas."

Perguntei: "Você consegue ver essa cena?"

"Sim."

"Qual pensamento negativo está associado a ela?"

"Nunca mais vou ver o papai."

"Que emoção isso lhe traz?"

"Tristeza... e medo."

"Onde você sente isso no corpo?"

"Meu peito."

"Certo. Agora preste atenção e veja para onde sua mente vai a partir daí."

Jim/Biff, então, relatou diversas lembranças que passavam em sua mente como um relâmpago: seus pais brigando, sua mãe chorando, brincando com seu irmão excessivamente agressivo, sentindo-se perdido na escola. Impressionantemente, essas recordações pertenciam exclusivamente a Biff (Jim nem tinha irmão). Jim as "inventara" e, no entanto, faziam parte do sistema corporal de Biff. Pedi a Biff que retornasse ao presente e, a seguir, que Jim voltasse. Ele abriu os olhos. "Que viagem!"

Os dois atores repassaram a cena, só que Jim estava transformado. Ele não estava *no papel de* Biff – ele *era* o Biff. Seus olhos faiscavam, movia-se espontaneamente e o ator no papel de Willy Loman foi envolvido pela sua energia. Tudo o que George conseguia dizer era "Caramba!".

Os alunos mal conseguiam esperar para perguntar a Jim o que sentiu quando encenou novamente. "Era como se vinha do meu corpo – como se as memórias estivessem dentro de mim. Houve vários momentos em que eu tinha novas escolhas: como dizer uma palavra, segurar uma proposição, como me movimentar."

A segunda cena apresentada era do *The Glass Menagerie* (Zoológico de Cristal), o primeiro encontro entre Laura e o Cavalheiro Visitante. Na primeira vez, os atores fizeram um trabalho excelente; para mim já continha qualidade dramática. Questionava-me: *Como vou melhorar isso?*

Desta vez, trabalhei com uma atriz chamada Ellie. Ela colocou os fones de ouvido, repeti as instruções e, então, tornou-se Laura. Sua lembrança inicial foi a de adoecer e chamar a doença pleurisia de "rosas azuis". Depois, saltou para uma imagem à idade de cinco anos com sua mãe repreendendo-a com as palavras "falsidade, falsidade, falsidade". Em sua mente passaram tantas lembranças que ela não conseguiu relatar todas. Espontaneamente, retirou os fones e disse: "Vamos lá".

Os atores reiniciaram a cena, que ganhou vida, com Laura levando sua companheira consigo. Senti como se estivesse na primeira fila de uma produção da Broadway. Ao final da cena,

Ellie sentou-se, recompôs-se e, de repente, olhou para cima com um sorriso amarelo.

Como é possível um ator desenvolver uma memória que não lhe pertence? Um ator treinado cria como se fosse um romancista. Sem dúvida, a criação é metaforicamente autobiográfica em nível inconsciente. O EMDR, no entanto, vai tão a fundo ao sistema neurofisiológico que as lembranças criadas parecem originais, como se pertencessem unicamente ao personagem.

A primeira experiência levou George e a mim a desenvolvermos uma rotina. Eu ia às aulas dele quinzenalmente; os alunos apresentavam uma cena, ele comentava, e eu dava minha orientação; a seguir, os alunos apresentavam a cena novamente. Logo me deparei com uma nova faceta: preparar os dois atores simultaneamente, cada um usando fones de ouvido conectados do mesmo tocador de CD, divididos por um conector em "Y".

Conversava com cada ator no papel do personagem, primeiro com um e depois com o outro, indo de um para ou outro em intervalos de trinta a sessenta segundos, dirigindo-os de volta a uma lembrança remota que fluísse da cena.

Com o foco no aspecto da "memória sensorial" do protocolo, perguntava: "O que você viu?", "O que você ouviu?", "Cheirou?", "O que você sente no corpo?", "Onde?". Aplicava o processamento com o primeiro ator e, depois, passava para o segundo e repetia a mesma coisa. Após algum tempo, os personagens não se fixavam em uma única lembrança ou sentimento, mas se aprofundavam, passando de uma lembrança criada para outra, do mesmo jeito que os pacientes faziam na terapia com EMDR. Finalizava instruindo os atores a olhar nos olhos um do outro e, sem dizer nada, processar a experiência, remover os fones de ouvido e reiniciar a cena, espontaneamente, quando sentissem que estavam prontos. Quando eles começavam, eu saía do palco em silêncio.

A partir daí, comecei a trazer cada vez mais teorias de psicologia e de desenvolvimento, principalmente aquelas relacionadas ao trauma. Assim como as pessoas, os personagens não são bidimensionais, mas multidimensionais. A maior parte dos personagens que vemos no teatro, como os pacientes que vêm à terapia, possui histórias traumáticas relevantes; se não tivessem, não seriam tridimensionais. Percebi que professores de teatro tendem a não incentivar os atores a desenvolverem histórias pessoais para seus personagens, mas, assim como situações traumáticas definem nossa personalidade, o mesmo se aplica aos personagens. A ideia, baseada no EMDR, de que incidentes definidores são mantidos no sistema e podem ser ativados corporal e inconscientemente, é potencialmente desconhecida para os atores e, no entanto, aceita prontamente.

Dois alunos preparavam uma cena em que uma mulher foge do altar no dia do casamento, quando seu pai, há muito tempo desaparecido e que abusara dela sexualmente na infância, aparece. Quando ela ressurge, está amnésica, a mil e seiscentos quilômetros de distância, tendo sido acolhida e cuidada por um homem desconhecido. Esse homem deixara a esposa alguns anos antes, depois da morte de seu filho pequeno. Auxiliei os alunos a compreender como a história traumática dos personagens os aproximou, dando maior ênfase ao processamento da dramatização com EMDR e ajudando-os a aprofundar a cena.

Durante meu trabalho com a turma de George, as mudanças ocorridas de uma cena para outra eram, às vezes, surpreendentes. Os atores podiam, inicialmente, fazer a cena como se fosse comédia e, posteriormente, como drama. Noutras vezes era feito o contrário, o humor dominava sobre o drama. Nesse meio tempo, eu aprendia a arte de dramatizar, não apenas assistindo as interpretações dos alunos, mas ouvindo a direção de George.

Um dia, George convidou-me para assistir a aula de mestrado ministrada por Mike Nichols, grande diretor de teatro e cinema, e um dos meus heróis. Antes de Nichols chegar, trabalhei separadamente com duas atrizes da turma na cena de confronto entre Elena e Sonya, terceiro ato de *Uncle Vanya* (Tio Vanya). (As duas estavam extremamente ansiosas por apresentarem a cena para Mike Nichols e solicitaram que eu aplicasse o treinamento com EMDR para prepará-las). Da primeira vez, trabalhamos durante duas horas; da segunda, cinco horas; e por fim, uma hora antes da aula. Quando o trabalho estava pronto, sentiam que havia uma longa e complexa história entre as personagens que culminou em conflito, mas também em necessidade mútua.

Ambas as atrizes informaram sentimento de calma; sabiam que estavam prontas.

A cena foi um sucesso. Nichols não sabia da preparação prévia e, muito menos, de minha participação; o que ele sabia era que estava diante de duas atrizes extremamente talentosas em uma das maiores cenas da literatura ocidental. Os demais alunos presentes no auditório, aproximadamente quarenta, ficaram igualmente absortos.

Ao final da cena, por um longo momento, só se ouvia o silêncio. Por fim, Nichols afirmou: "Bastante admirável". E chamou as atrizes para cumprimentá-las. Soube, então, que elas haviam preparado a cena usando as "técnicas para dramatização com EMDR, de David Grand" e, para meu imenso prazer, ele informou que George já lhe havia falado a esse respeito. Dirigiu-se a mim: "David, você gostaria de subir ao palco com os atores?".

Gostaria sim, e subi. Nichols fez-me perguntas a respeito do método e contei-lhe como o EMDR pode ajudar atores a aprofundarem a formação do papel. Pediu-me que demonstrasse com dois atores diferentes em uma cena de outra peça – uma comédia moderna de menor escala. O par subiu ao palco. A primeira encenação foi boa; obtiveram boas gargalhadas. Duas pessoas reais, falíveis, meio ridículas foram ajuntadas em uma situação em que ela queria seduzi-lo e ele não queria nada daquilo. Nada é mais engraçado que a realidade (e, obviamente, nem mais trágico). Após a orientação para dramatizar usando o EMDR, no entanto, eles conseguiram alcançar a humanidade da situação, além do humor. A cena comovia porque o público se identificava com os personagens, não apenas ria deles. Mais uma vez, Nichols ficou impressionado.

TRABALHANDO COM ATORES PROFISSIONAIS

Desde então, muitas pessoas da comunidade teatral tomaram conhecimento do meu trabalho e tenho trabalhado não apenas com atores, mas também com preparadores, diretores e escritores. Alguns me procuram por motivos pessoais, além das razões profissionais; outros, apenas para aprimorar seu desempenho, embora questões pessoais frequentemente surjam. Para mim, é especialmente gratificante trabalhar com pessoas do teatro. Mais do que nunca, meu consultório torna-se uma espécie de palco onde eles – e eu – desempenhamos nossos papéis.

DAVID: O NOBRE MOURO

Tratava-se de um imponente ator afro-americano dono de voz retumbante, parecida com a de James Earl Jones. Quando se projetou oralmente, a parede atrás de mim pareceu tremer. Agora, preparava-se para um papel que havia encenado há alguns anos, *Otelo*, para uma companhia de teatro em Virgínia.

David Toney foi-me encaminhado por um colega que conhecia meu trabalho com atores. David procurava compreender melhor o coração, a alma e a mente do Mouro.

Um dos aspectos mais estimulantes da técnica do EMDR é que ela é adaptável. Ao trabalhar com David, ocorreu-me, como um lampejo, uma ideia que poderia facilitar a transição de entrar e sair do papel: "Dentro do Espelho".

Com os fones de ouvido, começou a mover os olhos de um lado para outro de modo reflexo.

"Quero que imagine que está olhando para você mesmo em um espelho", instruí.

Quando se pede a um ator que imagine alguma coisa, ele o fará antes mesmo de você terminar a frase. Perguntei: "Você consegue se ver?"

"Consigo."

Fizemos o processamento só como experiência. "Agora, eu quero que, quando olhar no espelho, você não veja a si mesmo, mas Otelo. Você o vê?"

"Facilmente."

"Como ele é? O que está vestindo?"

"Ele se parece com um guerreiro e está vestido com um robe real branco e carmesim."

"Ótimo. Agora eu quero que você se torne Otelo olhando no espelho e vendo a si próprio, David."

Ocorre uma pausa e, então, "Pronto!".

"De agora em diante, vou falar com você como Otelo. Agora, Otelo, olhe no espelho e veja a si mesmo."

Assim começamos, com David olhando para David, depois David olhando para Otelo, a seguir Otelo olhando para David e, por fim, Otelo olhando para Otelo. Meu objetivo era dar-lhe um instrumento que o ajudasse a entrar mais rapidamente no papel, mas também a sair do papel quando terminasse. Com Otelo submetendo-se ao EMDR, solicitei-lhe que deixasse sua mente vagar até uma experiência de sua vida que tivesse sido intensa ou traumática. Mais que depressa teve a visão do assassinato de seu pai (lembrança criada, não existente em Shakespeare). Levei Otelo a ver as imagens, ouvir os sons, e conscientizar-se das emoções e de sua localização no corpo. Logo passou para a primeira vez que matou um homem, à idade de onze anos, para proteger sua mãe. Esses incidentes definiram sua transformação em guerreiro, um grande general, e pedi a ele que descrevesse como se sentia ao matar uma pessoa. Contou-me de ter colocado uma espada através de um homem e de tê-lo sentido estremecer.

Naquele dia, fiz as palavras cruzadas no jornal *New York Times*, onde tinha o nome Iago, e quando compartilhei esse fato com ele, olhou-me ameaçadoramente e berrou: "Não fale mal do Iago!" Passamos para a Desdêmona e processamos sua atração por ela, sua paixão por ela e, por fim, sua convicção de que ela o traíra. O diretor, em Virgínia, instruíra David a que, assim que se convencesse da infidelidade de Desdêmona, caísse no palco representando uma crise nervosa (igual ao que fez Laurence Olivier na produção em Londres). David preocupava-se com esse momento, temeroso de perder o controle na frente de tantas pessoas. Tudo o que fizemos, David e eu, conduziu a essa cena, e quando alcançamos o momento em que isso deveria acontecer, contou que era como se houvesse eletricidade pulsando em seu cérebro e ele pudesse sentir o cheiro do ozônio. O tempo todo David estava usando os fones de ouvido – EMDR aliançado com o treinamento para dramatizar.

David imaginou que um raio realmente o atingira e, lá, no consultório, de fato encenou uma convulsão, berrando a respeito dos soldados que matara, vendo seus corpos partidos, enfurecido contra Desdêmona. Preocupei-me com o que o paciente seguinte, que aguardava na sala de espera, acharia da gritaria, mas sabia que não podia apressar o encerramento do processo. Depois que Otelo finalmente terminou a cena, orientei-o a sair do papel usando a técnica do espelho imaginário: inicialmente, Otelo vê Otelo; depois, Otelo vê David; a seguir, trocam e David vê Otelo;

e, por último, David vê David – de volta a si mesmo em segurança.

É possível que parte disso pudesse ter sido realizado sem a estimulação bilateral, mas a velocidade da transformação, a profundidade da caracterização e o impacto das lembranças de Otelo não seriam tão incríveis. Talvez David não teria encenado a crise nervosa sentindo-a como se fosse orgânica. Iago, seu passado, e sua própria imaginação reduziram-no aos frangalhos em que se tornou no chão do consultório – e se tornaria novamente no palco a cada noite.

Encontrei-me com David uma segunda vez para prepará-lo para os ensaios, que seriam iniciados ainda naquela semana, em Virgínia. Levei-o, por meio do EMDR, a reexperimentar e ampliar o primeiro encontro; surgiram novas lembranças e outra vez teve a convulsão, só que desta vez menos explosiva e ele estava mais integrado com ela. A partir de então, passou a ser um ator dentro de um homem com paixões incontroláveis, não o homem em si.

Viajei para assistir a estreia em Virgínia e, meia hora antes de David entrar em cena, encontramo-nos para fazer uma sessão preparatória, com estimulação bilateral, orientada. Para alguns, isso pode ter sido uma atitude meio arriscada. Entretanto, estávamos à vontade um com o outro e não nos pareceu perigoso. Era desejo de David e eu o orientei a purificar o corpo e, por meio da sessão, fiz com que ele relaxasse e fluísse. Depois, caminhamos juntos até o teatro; ele se dirigiu aos bastidores e, eu, para o meu assento.

Uma excelente peça de teatro produz excelentes desempenhos e o de David foi verdadeiramente memorável. Seu Otelo era uma pessoa real, não encenando, mas *sendo*. Compartilhei a experiência com Nina e Jonathan, que me acompanharam até Virgínia, e o que pude verificar nas expressões faciais da minha família, assim como nas do público, deu-me segurança. Todos vivenciamos algo extraordinário.

Minha família e eu fomos convidados para ir aos bastidores após a apresentação. David quase me deixou sem fôlego, tamanho o abraço que me deu, e a seguir, puxou-me para um lado. Durante nossa última sessão preparatória, perguntei-lhe qual era seu objetivo, ao que respondeu: "Corresponder às minhas expectativas". Agora, indaguei: "E então, correspondeu às suas expectativas?" Seu desempenho constituía sua eloquente resposta; sua resposta para mim, naquele momento, foi um simples "Sim".

Embora Nova York seja, sem sombra de dúvida, o centro mundial da atuação teatral, quando se trata de filmes, o lugar é Los Angeles. Recentemente fui até lá para, durante três horas, apresentar meu trabalho para atores, professores de dramatização, diretores e produtores. A reação foi uniformemente positiva; citada, por algumas pessoas, como "a onda do futuro".

Nenhum ator pode aplicar o EMDR em si mesmo, assim como nenhum ator pode reproduzir a experiência de trabalhar ao lado de um bom orientador teatral. Mas algumas das técnicas podem ser adaptadas para auto-aplicação (abordarei mais profundamente este tema no Capítulo 14). Para mim, o EMDR usado como ferramenta para aprimorar a dramatização ainda é uma aventura excitante e recompensadora, com potencial ainda por ser descoberto. Tenho apreciado profundamente – uma de muitas jornadas, externas e internas, que tenho feito com o EMDR como meu guia.

PARTE IV

AS PORTAS SE ABREM:
MINHA JORNADA COM O EMDR

CAPÍTULO 12 – Derrubado e arrastado para fora: Trauma na minha família

Boa parte de meus pacientes é atualmente composta de terapeutas, basicamente terapeutas de EMDR. Após orientarem tantos de seus próprios pacientes a alcançarem seus próprios milagres em velocidade máxima, esses clínicos acabam dizendo: "Ei, eu também quero isso para mim", e procuram outros terapeutas experientes em EMDR para trabalhar suas próprias lutas (psicanalistas, obviamente, submetem-se à psicanálise como requisito para sua formação). Todos nós sofremos trauma em algum momento de nossas vidas – faz parte do crescer neste mundo – e terapeutas não são exceção. O conceito do curador ferido tem origem na sabedoria antiga e práticas de xamanismo, onde as habilidades do curador são aprofundadas mediante a sensibilização decorrente de seus próprios traumas. Enfrentar e superar nossas feridas mais profundas tende a tornar-nos mais fortes, sábios e, frequentemente, mais sintonizados espiritualmente.

Nem todos os traumas acontecem na infância. Às vezes, terapeutas sofrem traumas no decorrer de suas vidas adultas – cirurgia séria, acidente de automóvel, morte de ente querido. E esses traumas da vida adulta, assim como aqueles que acontecem na infância, precisam ser tratados para que não interfiram no trabalho do terapeuta com os pacientes. Sem as ferramentas do EMDR, esse tratamento de traumas pode ser tão prolongado e árduo quanto a psicanálise; mas com o EMDR, o alívio do trauma da vida adulta, embora não seja necessariamente um trabalho simples, é possível em curto espaço de tempo.

A MORTE DO MEU PAI

Em 1985 minha vida, profissional e pessoal, estava em um momento favorável. Terapia com EMDR ainda estava no futuro, mas minha atuação mais convencional caminhava bem e eu construía uma prática profissional ativa e bem sucedida que me permitia dar entrada na compra de uma nova casa. Estava, então, com trinta e três anos, casado há três com Nina, e Jonathan completara um ano de idade. Parecia tudo certo no meu mundo.

Meu pai, no entanto, estava lidando com diversos sintomas físicos não diagnosticados. Sofria de constante dor lombar, cuja origem nem os médicos especialistas conseguiam identificar. Ele foi submetido a sessões de fisioterapia que não aliviaram, em nada, o seu mal-estar. Na parte superior do tórax havia uma saliência diagnosticada como torção muscular. Por fim, resolveram encaminhá-lo para uma tomografia.

Não sei se isso acontece com outros terapeutas, mas parece que todas as vezes que recebo alguma notícia desagradável, estou no consultório, em atendimento. Não costumo atender ao telefone quando estou com paciente, mas assim que a sessão termina, como uma regra, verifico meus recados. Minha esposa tem um código especial para emergências: três ligações permitindo um único toque a cada vez. Quando isso acontece, sei que devo ligar para ela assim que for possível. Se a notícia que ela me der for ruim, mas eu não puder fazer nada para resolver de imediato, procuro digerir a informação e dar prosseguimento ao meu trabalho da melhor forma possível. Nas raras ocasiões em que sou confrontado com alguma emergência pessoal, cancelo as sessões do dia e concentro-me no problema.

Neste dia, recebi uma ligação da casa dos meus pais. Meu pai estava ao telefone e minha mãe na extensão. Minha mãe chorava desconsoladamente. O resultado da tomografia do meu pai indicava a existência de um tumor na região lombar que, provavelmente, era maligno. Resolvi atender meus dois últimos pacientes da noite e, a seguir, dirigir-me à casa dos meus pais. A viagem de carro parecia interminável e minha cabeça estava repleta de perguntas.

É maligno ou benigno?

Se maligno, é o tumor originário?

Se não, onde estará a origem?

De qualquer forma, será tratável?

Se for tratável, papai passará por cirurgia, radiação, quimioterapia ou alguma combinação dos três?

Se for tratável, qual a chance de que volte?

Se não for tratável, quanto tempo de vida o papai tem?

Meu pai tinha setenta e três anos de idade, não fumava, cuidava da alimentação, caminhava bastante e, de modo geral, cuidava muito bem de si mesmo. Portanto, o surgimento do tumor não parecia estar relacionado a uma questão de estilo de vida. Entretanto, nos dias e semanas seguintes, a cada passo do caminho, surgiam as piores notícias possíveis. O tumor era maligno. Havia se espalhado. Tratava-se de câncer nos rins que, depois de metástase, era incurável. Quando minha irmã Debbie e eu conversamos com o cirurgião, este anunciou – daquela maneira "sincera", porém cruel, que alguns médicos consideram ser a forma adequada – "Não tenham muitas esperanças. Minha sogra teve o mesmo tipo de câncer. Ela se foi em três meses".

Um dos fatores que ajuda as pessoas a perseverarem é a esperança. O comunicado feito por este cirurgião, contudo, e sua forma de contar – ele não havia contado aos meus pais ainda – matou nossa esperança de cara. Minha mãe foi quem mais sofreu com a notícia; quase desmaiou. No caso de meu pai, não ficou claro o quanto ele estava em contato com suas emoções, pois ele com certeza não as compartilhou. Papai era filosófico, demonstrando sua firmeza de caráter no decorrer do processo. Proporcionou-nos excelente modelo de coragem e perseverança. Espero que quando for a minha vez, eu consiga reunir a mesma sabedoria silenciosa e, por vezes, o bom humor que ele dividia com todos nós.

Após o diagnóstico, meu pai aguentou dois anos e não os três a seis meses sentenciados pelos médicos. À época, não existia tratamento para câncer renal com metástase, portanto, meu pai submeteu-se a uma bateria de três protocolos experimentais diferentes. Se sua sobrevida estava relacionada a esses tratamentos, não sabemos de fato. Meu pai queria viver o máximo possível e poder permanecer em casa sob os cuidados de minha mãe certamente contribuiu favoravelmente.

De seu próprio jeito, saiu-se melhor que qualquer um de nós, pois um a um os membros da família foram se entregando. Não foi surpresa minha mãe ter sido a primeira a sucumbir. Certa ocasião, de tão angustiada, dissociou-se totalmente e perdeu contato temporário com aquilo que se passava à sua volta. Graças a Deus, seus sintomas traumáticos foram apenas temporários, mesmo que nos cortasse o coração observá-los.

Minha irmã também sofreu. Ficou deprimida, ansiosa e, por algum tempo, incapaz de realizar as suas atividades. E durante todo esse tempo, percebi que eu estava pensando: *Como é que estou de pé? Será que vou desmontar? Quando será?*

Aconteceu um mês antes de papai morrer. Estava mudando uma cadeira pesada de lugar na casa e minhas costas, de repente, travaram em um espasmo na região entre as omoplatas. Era como se os músculos da parte superior das costas tivessem formado um punho sólido e cerrado que não se soltava. A dor era excruciante; relaxantes musculares, estimulação elétrica, massagens – nada resolvia. Compreendi que, em razão de minha total falta de controle sobre a iminente morte de meu pai e sobre as dificuldades que minha mãe e irmã estavam passando, meu corpo estava expressando minha dor e, ao mesmo tempo, segurando a preciosa vida.

Três meses depois eu ainda estava em agonia. Segui a recomendação do médico e fiz uma tomografia computadorizada. Os resultados foram negativos. Estava tudo bem.

O médico me chamou para apresentar os resultados. Embora fossem encorajadores, senti uma súbita pontada na têmpora direita que, imediatamente, tornou-se uma enxaqueca – a primeira em dez anos. Minutos depois, estava deitado em um quarto escuro e silencioso, aguardando o vômito que permitiria algumas horas de sono e de alívio.

Então, às 8h14 do dia 15 de janeiro de 1987, minha mãe ligou (pela primeira vez, eu estava em casa) para avisar que meu pai não conseguia se mexer. Ele tinha sofrido o que duas horas depois foi descrito como um "derrame medular". Corri até a casa deles e cheguei na hora em que meu pai estava sendo colocado na ambulância. Acompanhei-a de perto, enquanto ela levava meu pai para o Hospital de Nova York. O médico pediu para que minha mãe e eu assinássemos um formulário de não-ressuscitação, e nós assinamos, autorizando que não fossem adotadas medidas heroicas para tentar prolongar a vida de papai.

Ligamos para minha irmã, que estava viajando, e ela correu para o hospital. Ficamos apoiando um ao outro. A determinada altura, os auxiliares levaram papai, empurrando-o em uma maca, e eu ao seu lado, segurando um copo com gelo, de onde meu pai bebia por meio de um canudo flexível dobrado. Carreguei essa lembrança comigo por muitos anos. Vendo-o ser acomodado em um quarto, soube que não voltaria mais para casa.

Sua valente luta findara, e ele também sabia. Entregou-se graciosamente e foi embora. Palavras não podem retratar como me senti por estar presente no final de sua vida e ao abraçar os membros da família que permaneceram. Recitamos o *Kadish*, oração judaica para os mortos, e dissemos nosso adeus final.

Nada disso é incomum – acontece com inúmeras famílias de uma forma ou de outra. Nada bizarro aconteceu; não houve "surpresas". E, no entanto, cada um de nós vivencia a perda de sua própria maneira – as emoções evocadas são, simultaneamente, individuais e universais. Minha família passou por seu próprio processo de luto e, gradativamente, nos recuperamos. Minha principal preocupação naqueles dias era Jonathan, que estava com três anos de idade. Preocupava-me com o efeito que a deterioração do avô, que culminou em sua morte, teria sobre ele e procurei protegê-lo da melhor forma possível. Por outro lado, encontrei nele um tipo de conforto; sua vivaz inocência era um antídoto refrescante para a infelicidade que me envolvia e que eu mesmo sentia.

Naquela fase, procurei ajuda terapêutica. A mulher com quem queria me consultar estava de férias e, por isso, consultei-me com a terapeuta que a substituía: mulher madura, bem treinada, que interpretou meu desejo de focar em minha crise e trabalhá-la nas sessões como sendo resistência à terapia normal. Não importava o tanto que eu enfatizasse minhas necessidades, ela não cedia e, assim, abandonei o processo antes que perdesse a paciência. Sei que um terapeuta precisa exercer certo controle das sessões, mas essa mulher queria ditar as regras. Além de não ser empática, foi claramente hostil – pelo menos, foi assim que eu senti (muito tempo depois reconheci que a experiência foi uma forte oportunidade de aprendizagem: como *não* me comportar. O EMDR coloca mais controle nas mãos do paciente; a terapia pode ser realizada sessão a sessão. Na verdade, a necessidade pode definir o cronograma, não apenas o terapeuta. Há uma abertura inerente ao processo de EMDR que se contrapõe diretamente à mentalidade terapêutica comum: toda quarta-feira, às 13h, perpetuamente).

Procurei outros dois terapeutas e obtive, com ambos, resultados decepcionantes. O primeiro foi bastante empático, mas não perspicaz. O segundo foi só um pouco melhor. Assim, decidi resolver sozinho – um antigo e familiar padrão de infância. Continuava, obviamente, atendendo meus pacientes, o que me proporcionava um refúgio das circunstâncias caóticas da minha vida. O processo de três anos entre o diagnóstico inicial até a conclusão do luto (e alguns aspectos do luto nunca são concluídos) constituiu um trauma doloroso, dia após dia, momento após momento, que deixou feridas não cicatrizadas em mim. Embora o processo da morte de meu pai e, principalmente os incidentes do dia do falecimento, permaneçam comigo de diversos modos, consegui elaborar a maioria dos aspectos traumáticos associados em meu subsequente tratamento com EMDR.

A circunstância global promoveu meu crescimento pessoal. Estou mais capaz de enfrentar as perdas naturais e inevitáveis que acompanham a morte e o morrer. Durante a enfermidade de meu pai, visitei meus pais semanalmente e nos tornamos mais próximos. Nunca ultrapassamos algumas das barreiras colocadas por ele, mas aceitei-as. À medida que o fim se aproximava, ele se afastou, não apenas de mim, mas do mundo todo. Esse é o narcisismo apropriado de um moribundo, sua competência e seu direito. Para mim, contudo, significava abrir mão da última possibilidade de encontrar com ele a intimidade que tanto sentira falta na infância – uma história quase que universal em si mesma.

O ACIDENTE DE MEU FILHO

Era sexta-feira pela manhã, dia 14 de Agosto de 1997, dois meses após o Bar Mitzvah de Jonathan. As coisas estavam, mais uma vez, correndo particularmente bem para mim, tanto em casa quanto no consultório. Eu estava atendendo quando meu pager tocou, não uma, mas cinco vezes. Não reconheci o número e resolvi que quem estivesse chamando poderia esperar. A seguir, repetidas mensagens foram deixadas na secretária eletrônica. Faltavam dez minutos para a sessão terminar – decidi esperar até que o pouco tempo que faltava passasse. Então, três toques únicos no meu celular. Era Nina. Uma emergência!

Pedi licença e liguei para ela imediatamente: "O que houve?"

Sua voz estava, ao mesmo tempo, controlada e trêmula. "Jonathan sofreu um acidente, mas vai ficar bem. Alguns ossos quebrados e algumas queimaduras. O hospital tem tentado ligar para você. Ele está na sala de emergência no Centro Médico de Nassau County. Vão transferi-lo para a UTI pediátrica. Chegue aqui o mais rápido que puder."

Liguei para os dois pacientes seguintes para cancelar – o próximo já estava aguardando na sala de espera – e imaginei que poderia ligar para os demais do hospital, a dez minutos direção norte do meu consultório. Dez minutos? Parecera uma eternidade.

Será que Nina estava me dizendo a verdade quando disse que ele iria ficar bem? Estaria ele em perigo? Teria algum dano permanente – algum envolvimento neurológico ou medular? Sala de emergência? UTI? *Que raios está acontecendo?*

O que mais me pega é a total falta de informação ou conhecimento e não me recordo de nada enquanto dirigia para o hospital, exceto que, silenciosa e instintivamente, orava a Deus por meu garoto. No hospital, estacionei e procurei freneticamente através de um labirinto de corredores pela UTI pediátrica. De alguma forma, achei o lugar. Nina me esperava na porta. Ela estava sem maquiagem e o olhar assustado em seus olhos traiu a calma transmitida por sua aparência. Em momentos de crise, ela encontra sua força interior.

Perguntei: "O que aconteceu?".

"Ele estava andando de bicicleta e um carro, dando marcha à ré, bateu nele, e ele caiu; foi arrastado por uns treze metros debaixo do carro. Seu ombro está quebrado. A bacia está fraturada dos dois lados. Seu tornozelo está quebrado." Sua voz perdeu parte da calma. "E sofreu queimaduras significativas por causa do contato com o escapamento do carro e outras por ter sido arrastado no asfalto."

Abracei-a e ficamos assim, em silêncio, por alguns segundos, os dois juntinhos. Então, afastei-me e olhei para dentro do quarto. Jonathan estava deitado de costas em um emaranhado de cateteres intravenosos, fios de monitores e ataduras. Com seus olhos extremamente vidrados em virtude dos sedativos, ele sinalizou ter me visto com um fraco sorriso. Eu poderia ter perdido meu filho - meu único filho. Tudo dentro de mim desmoronou e, em silêncio, orei.

Sua boca estava ressecada e pediu-me um pouco de água. Peguei um copo plástico contendo gelo e um canudo flexível.

Enquanto ele bebia, voltei instantaneamente para a mesma cena, só que com meu pai, em seu último dia de vida. Mas desta vez, eu era o pai e o paciente, meu filho. Ele *iria* se recuperar, compreendi, apesar das cicatrizes físicas, mas quem sabe que cicatrizes emocionais o perseguiriam?

Somente mais tarde é que soubemos da história completa. Jonathan estava andando de bicicleta em uma rua calma de nossa vizinhança com um amigo chamado Donny, quando uma senhora de idade saiu de sua garagem e passou a dar marcha à ré pelo lado errado da rua, com certeza, sem olhar para trás. De alguma maneira, ela não acertou Donny – ele e Jonathan estavam um do lado do outro, a menos de um metro um do outro – mas ela bateu em Jonathan, derrubou-o e arrastou ele e a bicicleta por treze metros, os dois presos em baixo dos pára-choques. Deu ré na rampa de outra garagem, coberta de cascalho, e finalmente parou; no início, sem perceber os gritos de Donny ou o que tinha feito. Seu marido, sentado no banco do passageiro, também não tinha a menor ideia do que havia acontecido.

Ao ser alertada, a mulher saltou do carro, deixando o motor funcionando. Jonathan continuava preso debaixo do automóvel, na rampa da garagem, e a gravidade das queimaduras aumentava no contato com o escapamento, cada vez mais quente. Por fim, um vizinho saiu correndo de sua casa e desligou o motor. Ele trouxe um macaco consigo e levantou o carro, tendo o bom senso de não tentar retirar Jonathan de onde estava. Ironicamente, se meu filho estivesse usando capacete – regra familiar que desobedeceu – a compressão em sua cabeça entre o carro e o asfalto, poderia ter esmagado seu crânio ou resultado em um pescoço ou coluna quebrada. Posteriormente, Jonathan disse ter orado silenciosamente a Deus enquanto estava sob o carro, pedindo que lhe permitisse viver; nesse instante, sentiu-se banhado por uma luz morna e protetora.

O pai de Donny, que mora a poucos quarteirões de nós, correu até nossa casa para avisar Nina. "Você tem que vir. Jonathan foi atropelado."

Nina perguntou: "Ele está bem?".

"Não sei", respondeu - e assim, do momento em que ele apareceu até ela chegar no local do acidente, não sabia se Jonathan estava vivo ou morto, parte imensa do trauma de Nina.

A polícia chegou rapidamente e tomou conta da situação. Colocaram Jonathan na ambulância e correram para o hospital.

Quanto à responsável pelo acidente, seu carro não foi apreendido para investigação e ela nem sequer recebeu uma multa. O casal se escondeu e, provavelmente, destruiu a evidência, pois o carro desapareceu e nunca mais foi visto. A tentativa de autodefesa é compreensível, mas comportar-se como ser humano é também apropriado. Para mim, a atitude do casal, tanto dela quanto dele, demonstrou uma falta de responsabilidade e de decência tão grande, a ponto de me deixar anos tendo fantasias de alugar um caminhão, dirigir através do gramado de frente a casa deles, de marcha à ré, até a porta da frente direto em sua sala de estar. Não tinha o desejo de matá-los, pensava em uma amostra do pavor que eles infligiram a Jonathan. Com o passar do tempo, esse impulso acabou, mas enquanto redijo esse texto, a ideia ainda me atrai.

A situação era impressionantemente semelhante a crises que tratei em pacientes por tantos meses e anos (fui obrigado a lembrar-me disso quando Al e Tipper Gora contaram, emocionados, de como seu filho foi atropelado). Jonathan ficou hospitalizado pelas três semanas seguintes, sempre na UTI. Foi colocado um parafuso em seu tornozelo, mas o grande problema eram suas queimaduras (felizmente, o Centro Médico de Nassau County possui uma das melhores unidades para queimados do país). Todos os dias, as áreas afetadas exigiam esterilização e limpeza, mediante técnica conhecida como sedação consciente. Embora Jonathan não soubesse o que estava acontecendo, Nina e eu o ouvíamos gritar e gemer, o que nos era quase insuportável. No decorrer de todo o tempo, ele demonstrou grande coragem. Eu, no entanto, carregava não somente o trauma dele, mas o meu, o de Nina e o do restante da família.

Nina e eu nos alternávamos para que houvesse um de nós com Jonathan vinte e quatro horas por dia. Nina ficava durante o dia e eu, à noite. No quarto de Jonathan havia uma poltrona reclinável onde eu podia dormir quando Jonathan dormia. Aqui, sentia uma paz que nunca antes conhecera. Só de estar ali para ele, estar ali *com* ele, era fantástico. Não posso dizer que estava feliz, mas naquelas horas, sentia um estado alterado, unificado com meu filho. Nem com Nina eu podia compartilhar isso – nos víamos quase sempre com pressa – e ficava imaginando se ela estava vivendo experiência similar. Uma coisa era certa: nós dois estávamos fazendo aquilo que queríamos pelo nosso filho.

Jonathan teve que lidar com inúmeros procedimentos médicos. Ele tinha fobia de agulhas (ainda tem) e aqui estava ele com cateteres intravenosos saindo de suas mãos e pés e sendo obrigado a infindáveis exames de sangue. Suportou tudo. Como filho adolescente de um terapeuta de EMDR esquivava-se de qualquer experiência com o processo. Em casa, ouvia-me falar ao telefone com um colega sobre o EMDR e avisava que não queria nada com aquilo: "Não me venha com essa porcaria de EMDR", foi sua forma elegante de recusar. No hospital, no entanto, pediu para "fazer EMDR" nos seus pés para ajudá-lo a relaxar e lidar com a dor. Eu os massageei (esquerdo, direito) repetidamente até chegar à exaustão. Às vezes, ele insistia para que continuasse, mesmo que eu não agüentasse mais. E à noite, nós dois usávamos os fones de ouvido, o que nos ajudava a relaxar e a adormecer.

Estou convencido de que a massagem bilateral nos pés de Jonathan não só ajudou-o emocionalmente, mas também auxiliou sua cura física. E ele, de fato, sarou rapidamente. Cirurgia plástica pode encobrir as cicatrizes do braço e flanco. Até o momento, ele a tem recusado, embora isso possa mudar quando estiver mais velho. Sua recuperação está, agora, em suas mãos e, embora eu queira que ele se submeta à cirurgia por acreditar que, em longo prazo seja melhor, evito me manifestar a esse respeito e deixo a decisão para ele.

Evitei fazer qualquer trabalho de trauma com ele. Sou seu pai, não seu terapeuta; e o fato é que eu também fui traumatizado. Eu precisaria tratar o meu TEPT e não o dele, e minha terapia deveria ser com um perito. Assim, a massagem direita-esquerda que lhe fiz e a música bilateral, eram apenas para ajudá-lo a ficar mais confortável durante as agressões diárias a que seu corpo e suas emoções foram submetidos.

A estimulação bilateral fez grande diferença pra ele em sua habilidade para suportar, no processo de cura, em sua tranquilidade com seu corpo e seu crescimento espiritual. Quando finalmente voltamos para casa, caminhava com dificuldades em função do tornozelo e, por isso, precisou de um andador, como se fosse um idoso. Conseguimos uma cama de hospital e, aos poucos, nas seis semanas seguintes, melhorou o suficiente para se movimentar sozinho e, felizmente para todos nós, voltar para a escola e para uma vida normal.

Meu velho amigo, Uri, tratou dele com EMDR. Ele conhecia Jonathan, mas havia distanciamento suficiente entre eles para que a terapia não perdesse a objetividade. Além do mais, eu confiava nele. Em três sessões, o TEPT de Jonathan, o trauma real, acabou. Ainda tinha cicatrizes no braço, no flanco e nas nádegas; as cicatrizes emocionais, no entanto, foram curadas.

Em momentos posteriores, outras questões psicológicas surgiram. No aniversário do acidente, Jonathan apresentou uma reação; acordou ansioso depois de uma noite de pesadelos e estava receoso de entrar em algum carro. Mais alguns encontros com Uri processaram essas situações rapidamente e, acredito, por completo. Um dos fascinantes efeitos colaterais da experiência foi que, durante o ano seguinte, Jonathan, que sempre foi uma criança criativa e talentosa, começou a, espontaneamente, escrever poesia. Não versava sobre o acidente, mas sobre sua vida, seus pensamentos, seus sentimentos. As palavras fluíam dele para o computador. Uma vez, durante uma palestra sobre criatividade, distribuí alguns dos poemas de Jonathan e outros meus. Uma mulher levantou a mão: "Seus poemas são muito bons, comentou, mas os de Jonathan são *ótimos*". Não foi difícil aceitar esse comentário como elogio.

Nina teve algumas sessões com Uri também, mas, devido à nossa amizade muito próxima, preferi procurar uma terapeuta de nome Carol Forgash. Em cinco sessões meu TEPT aliviou. Na verdade, minha mais profunda gratidão para com o EMDR é que não apenas curou Jonathan emocionalmente, mas permitiu que nós todos nós fôssemos curados como uma família. Essas experiências fecharam um ciclo para mim no que se refere à força que o EMDR tem para promover mudança de vida. Também aprofundou minhas habilidades de cura com o EMDR.

Esporadicamente, conversamos sobre o acidente; não muito, mas às vezes. Embora eu não sofra com sintomas de TEPT, o acidente ainda ressoa para mim; é parte do meu sistema, parte da minha experiência de vida. Não altera a maneira que as coisas são feitas por mim – é outra parte da minha abertura e reconhecimento de que, ao aproximar-me dos cinquenta anos, minha vida é finita e eu preciso ser mais ativo se pretendo alcançar meus objetivos. Não costumo parar para meditar sobre isso conscientemente, mas é uma experiência que está entrelaçada no meu tecido, assim como a experiência da doença e morte de meu pai.

O EMDR pode curar indivíduos; curou a minha família. E na cura de indivíduos está a possibilidade de curar grupos comunitários e até mesmo nações. Não me diga que isso é idealista demais. Já vi acontecer na Irlanda do Norte.

CAPÍTULO 13 – Transformando o pior dos tempos no melhor dos tempos

Meu trabalho voluntário com os Programas de Assistência Humanitária (HAP) do EMDR transformou a minha vida – e mais uma vez agradeço a Francine Shapiro.

O EMDR começou a existir há treze anos. Em dois anos, Dra. Shapiro iniciou programas de treinamento no país inteiro. Hoje, somos em torno de quarenta mil terapeutas treinados em EMDR, dos quais aproximadamente trinta mil nos Estados Unidos e o restante distribuído por diversos lugares: Canadá, Europa, América do Sul, Austrália, Oriente Médio, África do Sul e Ásia.

Se a descoberta do EMDR foi sua fase um, o desenvolvimento do método de tratamento a fase dois, e os treinamentos, a fase três, então a fase quatro foi a visão da aplicação humanitária do EMDR – perceber o *imperativo* de utilizar o EMDR não somente para o bem das pessoas necessitadas, mas para a cura de grupos comunitários e até mesmo nações inteiras. Nesta fase, assim como nas primeiras três, as ações da Dra. Shapiro apresentam-na como modelo a ser seguido, uma mentora e uma força impulsora para o bem nacional e internacional.

A ORIGEM DOS PROGRAMAS DE ASSISTÊNCIA HUMANITÁRIA (HAP)[3]

O uso do EMDR em resposta a desastres de grande escala teve início depois que o Furacão Andrew devastou a cidade de Homestead, na Flórida, em 1992. Quando passei por lá, em 1993, ainda estava arrasada. Eu não podia sequer imaginar a cena que se instalara no ano anterior, nem o horror ou os traumas disseminados.

Inspirado por Francine Shapiro, um pequeno grupo de terapeutas de EMDR foram voluntários se prontificando a aplicar o EMDR nos moradores da região devastada, além de prover

---

[3] Para a descrição de uma experiência HAP no Brasil, veja o livro, *Conquistas na Psicoterapia*, org. por André Monteiro, Associação Brasileira de EMDR, 2012. www.emdr.org.br

alívio do trauma para as pessoas que trabalhavam na incessante busca e resgate de sobreviventes, e socorrendo feridos e desalojados.

O Programa de Assistência Humanitária – HAP foi consequência natural do apoio voluntário promovido pelos terapeutas de EMDR, que atualmente promovem treinamentos em EMDR gratuitos para terapeutas residentes em locais onde essa capacitação normalmente não ocorreria. Ao dar suporte aos ajudantes locais, que são os melhores a ajudar a seus próprios, essa abordagem evita a armadilha do paternalismo – como o velho ditado diz: "não dê comida às pessoas, ensine-as a pescar". Os projetos pilotos foram iniciados na América do Sul e nos países balcânicos, mas o HAP firmou-se para valer após o bombardeio da cidade de Oklahoma, em 1995. Nessa ocasião, inúmeros terapeutas de EMDR, voluntários, foram levados àquela cidade para capacitar terapeutas que ali residiam e prover aconselhamento de crise a uma cidade inteira que sofria de TEPT. Outras equipes preparadas para lidar com crises também compareceram, mas o EMDR era o único método clínico ativamente envolvido, muito provavelmente por produzir efeitos tão rápidos, em velocidade máxima. A sua eficácia é sentida quando usado em trauma recente e no local onde os traumas estão presentes.

O HAP é apenas consequência do modelo de tratamento. Existe porque o EMDR funciona bem inclusive em traumas arrasadores, como foi o bombardeio na cidade de Oklahoma - em situações em que, anteriormente, teriam deixado os sobreviventes amedrontados pelo resto de suas vidas. Eu sei disso porque repetidamente tenho presenciado provas contundentes a respeito, tanto nos Estados Unidos quanto fora.

O CICLO DE VIOLÊNCIA

Um menino é abusado. Uma vez adulto, repete o modelo e torna-se abusador. Surge uma amarga disputa entre duas famílias. A briga entre elas continua por diversas gerações, mantendo-se mesmo depois de o fato inicial ter sido esquecido. Um grupo reivindica determinado território que outro grupo considera seu. São travadas batalhas sangrentas entre os grupos até que o território é considerado sem valor. Católicos são jogados contra protestantes, muçulmanos lutam contra hindus, sérvios e croatas enfrentam-se no que se assemelha a uma inimizade perpétua.

O ciclo de violência é perpetrado por aqueles que infligem violência sobre outros, só para recebê-la de volta no futuro, quer sejam indivíduos, grupos ou nações. No final, todos os envolvidos portam histórias de traumas. Se pesquisarmos a história pessoal de um predador sexual, invariavelmente constataremos que ele (ou, mais raramente, ela) foi profundamente abusado. Um matador em série costuma ter uma história de grave violência física e sexual em seu desenvolvimento infantil. Quando crianças atiram em outras crianças (ou em adultos) não é necessário ir muito longe para encontrar as razões de sua violência. Trauma gera trauma, em um ciclo de abuso e violação aparentemente infinito.

Felizmente, a maioria das crianças que sofre abuso não se transforma em adultos abusadores. A maior parte sofre em silêncio, impactando, de modo sutil, as pessoas à sua volta e a sociedade como um todo. Algumas das que carregam histórias de abuso possuem habilidades surpreendentes de sobrevivência e resiliência; são capazes de erguer-se acima de sua história pessoal e levar vidas produtivas. Dos que ficam traumatizados, no entanto, surgirão alguns novos perpetradores.

Da mesma forma, uma nação traumatizada infligirá, com frequência, dor em nações circundantes. O trauma da Alemanha e suas consequências, durante a I Guerra Mundial, abriram o caminho para a ascensão de Hitler. A essência da luta mortal que ocorre nos Balcãs entre a Sérvia, a Bósnia, a Croácia e, por fim, Kosovo, tem origem no trauma e na retraumatização de gerações desde muitos séculos.

Terapeutas de EMDR tendem a acreditar que essa recém-adquirida habilidade para curar traumas de modo mais profundo e rápido nos proporciona nova oportunidade para romper ciclos de violência – talvez, até, para revertê-los. Onde começar, não só no que diz respeito às nações, mas também aos indivíduos, é com nossos filhos, pois eles são os que mais absorverão o trauma e o levarão para o futuro. Por isso, crianças atirando pedras, usando armas automáticas ou vivendo como soldados estão entre as mais tristes imagens que podemos presenciar, por esta razão.

Na minha prática particular, trabalho basicamente com adolescentes e adultos, muitos dos quais sofreram traumas na infância. Muitos terapeutas, no entanto, que trabalham exclusivamente com crianças vêm incorporando técnicas de EMDR à sua abordagem, inclusive à ludoterapia. A filosofia do HAP é manter o foco sobre todos os que estão necessitados, seja em nosso país ou fora dele; em minha opinião, ter em vista as necessidades das crianças deveria ser nossa prioridade máxima.

HAP NO MUNDO

A princípio, os esforços humanitários de Francine Shapiro em outros países foram realizados por ela mesma. Na Colômbia (América do Sul), por exemplo, proporcionou tratamento e capacitação em um centro rústico improvisado por pessoas da região para receber crianças que sofriam de câncer e tinham sido rejeitadas por suas famílias. Os resultados a surpreenderam, principalmente quanto ao alívio emocional e físico de crianças portadoras de dor em membro fantasma.

Um dos primeiros esforços formais do HAP em outros países aconteceu nos estados balcânicos. Encaminhou-se uma equipe de treinamento dos Estados Unidos, e a maioria dos terapeutas a serem treinados eram oriundos da Bósnia e da Croácia, e também dois corajosos terapeutas que saíram da Sérvia, que se encontrava em estado de guerra com a Bósnia e a Croácia. Essas pessoas não só atuam para curar, mas, ao construírem pontes que fazem ligação entre culturas e religiões diferentes, tornam-se modelos para seus concidadãos.

A primeira conferência internacional de EMDR de que participei foi em 1995, em Santa Mônica, na Califórnia. Ao final da apresentação, Dra. Shapiro falou sobre o trabalho do HAP e, na hora, tive a convicção de que havia um lugar ali para mim. Há décadas, acompanhava as catástrofes nacionais e internacionais com sentimento de angústia e impotência. O que eu, como indivíduo, poderia fazer em face de tamanho trauma em massa? Mas, em um instante, senti a oportunidade de desabrochar; sabia que poderia expandir meu trabalho para outros países, outras culturas. A questão a ser respondida era: onde começar?

IRLANDA DO NORTE

Fizemos, em 1993, uma viagem familiar às províncias marítimas do Canadá e da Terra Nova (Newfoundland), centros de cultura gálica e cultura celta. Ali, desenvolvi afinidade por música irlandesa. Em 1995, fomos à Irlanda, onde passamos oito dias antes de seguir para a Noruega e Dinamarca.

Uma noite, na Irlanda, Nina e eu nos aventuramos ir a um *pub*, em Kilkenny, para ouvir um grupo regional tocar. O lugar estava lotado e acabamos nos sentando à mesa com um casal que, logo descobrimos, vinha da Irlanda do Norte e estava de férias. Quando perguntei sobre a situação dos conflitos do país, apresentaram respostas vagas. Após algumas bebidas, começaram a falar e passamos a ouvir histórias de uma vida diariamente interrompida por bombardeios, assassinatos e sequestros.

Não sabia se o casal era católico ou protestante, e isso não me interessava, mas sua angústia era visível. Para nossos novos amigos, o pior de tudo era a lenta tortura de viver na incerteza e no medo. O marido chamou de "gotejar" diário a desconfiança subjacente de tudo e todos, os bloqueios militares e pontos de vistoria, tentar diferenciar o barulho do escapamento de um carro do de um tiro, o nó na boca do estômago ao recolher o jornal e ler a respeito do mais recente evento – será que algum membro da família ou amigo foi ferido?

À medida que prosseguiam, me perguntava se o EMDR estava disponível na Irlanda do Norte. Ao retornar para casa, descobri que nunca ocorrera um treinamento em EMDR naquele país (soube que havia um terapeuta de Belfast que fora capacitado nos Estados Unidos). Naquele instante, resolvi que seria minha obrigação levar o EMDR à Irlanda do Norte; tudo contribuiu para isso e o HAP me daria a oportunidade.

Os motivos que me levaram a direcionar os esforços para lá não foram provocados apenas por um encontro fortuito em um *pub* irlandês. A violência me horrorizava. Embora eu não tivesse servido no exército ou lutado no Vietnã (e carregasse um sentimento de culpa, pois muitos dos meus contemporâneos serviram, e sofreram pra isso), as novas cenas daquele conflito impregnaram minha mente, uma forma de traumatização secundária ou vicariante. Lembro-me de assistir ao noticiário em que foram nomeados todos os norte-americanos que morreram e imaginar por que ninguém parecia perceber a dor dos vietnamitas do Sul ou mesmo de nossos inimigos que perderam a vida. Quase que simultaneamente ressurgiu na Irlanda do Norte o conflito cujas raízes foram lançadas três séculos antes, quando os britânicos transferiram famílias escocesas para os condados irlandeses de Ulster – protestantes colocados em terra católica. Passaram-se décadas, os novos habitantes desenvolveram suas próprias identidades irlandesas; Irlanda foi dividida em sul e norte, e o norte se dividiu entre protestantes e católicos. O ódio e a dor supuraram durante várias gerações, como uma lenta viagem ao inferno.

Às vezes me perguntava sobre minha afinidade com o povo irlandês e sua cultura; minha melhor resposta é que eles remontam às minhas origens judias. Meu povo teve que lutar séculos a fio para sobreviver, unido apenas por nossas crenças e cultura; valorizando em grande escala a família, a espiritualidade, a aprendizagem e a perseverança; e celebrando nossa cultura na língua, na comida, na música, na dança, no misticismo e no humor. Da mesma forma fizeram os irlandeses. Olhando para trás, compreendo porque segui com tanta atenção a deflagração do conflito nos anos 1970, especialmente a angustiante história da greve de fome, seguida de morte, de Bobby Sands e seus compatriotas presos do IRA. Seus temas e suas imagens ressoavam em mim como aqueles da revolta no Gueto de Varsóvia e do suicídio em massa de judeus em Masada para evitar serem capturados pelos romanos.

Compartilhei meu desejo de levar o HAP para a Irlanda com Francine Shapiro e sua resposta foi direta: "Faça-o". O primeiro passo, segundo ela, era encontrar um contato naquele país. Como eu não tinha nenhum, comecei sondando a comunidade irlandesa de Nova York. Fui aos hibérnicos. Fui ao Fundo Americano-Irlandês. Olhavam para mim como algo curioso, um não-irlandês interessado nos assuntos irlandeses, mas não sabiam como me ajudar.

Por fim, conheci uma mulher chamada Joan Kinnear, conselheira no programa de assistência para empregos da estação ferroviária de Long Island, com quem tive muito contato em virtude do trabalho que desenvolvi com seus maquinistas. Joan representa a primeira geração de americano-irlandeses e desenvolve atividades de apoio a campos para crianças irlandesas carentes. Quando liguei para ela, informou-me que tinha dois amigos psicólogos em Belfast, e forneceu-me seus nomes e números de telefone.

Liguei para eles e fui direto: "Alô, meu nome é David Grand. Sou psicoterapeuta e estou ligando de Nova York. Gostaria de visitar vocês e promover um treinamento para alguns de vocês com uma técnica voltada para traumas, de graça". Se eu tivesse feito isso nos Estados Unidos, provavelmente teria ouvido o barulho da linha sendo desligada, mas os dois amigos da Joan ouviram respeitosamente. Considerando que ambos eram acadêmicos, não podiam me ajudar diretamente e, portanto, colocaram-me em contato com uma profissional clínica da cidade: Patricia Donelly, psicóloga supervisora do *Belfast Hospital for Sick Children* (Hospital Belfast para Crianças Doentes).

Patrícia pareceu-me interessada. Perguntei-lhe se poderia levar uma equipe e se ela me auxiliaria. Respondeu afirmativamente, mas eu sabia que precisaria dar comprovação do meu trabalho quando ali chegasse.

Essa era a grande abertura que eu procurava. O próximo desafio, o maior de todos, era levantar fundos. Estimei cinco mil dólares para pagar passagens aéreas, manuais de treinamento, alimentação e acomodação. Sabia que uma de minhas pacientes, curada por meio do EMDR após anos de sofrimento com TEPT decorrente de um acidente automobilístico, usava uma herança que recebera para apoiar boas causas. Superei minha relutância em procurar uma ex-paciente e ela, alegremente, doou três mil dólares. Barb Korzun, facilitadora de EMDR, ofereceu colaboração e teve papel valiosíssimo no levantamento do dinheiro que faltava. Ela e eu vendemos broches e camisetas com a insígnia do HAP na conferência internacional de EMDR seguinte, que ocorreu em Denver, e Barb pediu ajuda à sua família e a seus amigos. Reconhecendo o valor do apoio organizacional, entrei em contacto com meu cunhado, Irwin Cohen, então presidente do Rotary Club de Half Moon Bay, na Califórnia (cidade depois de Moss Beach, onde Francine Shapiro morava à época). O clube se interessou o suficiente para contribuir com quinhentos dólares e, de igual valor, forneceu-me uma relação dos clubes Rotary existentes em Belfast.

Abrir caminho entre os continentes com o apoio dos irmanados clubes Rotary somente poderia melhorar nossos esforços. Precisávamos de um lugar para realizar os treinamentos, o que encontramos por intermédio do Rotary Club de West Antrim, grupo de cavalheiros que também nos levou a conhecer os pontos turísticos de seu país no dia de folga entre os cursos. A Irlanda do Norte é um país extremamente lindo e Belfast, apesar da mídia negativa, é uma cidade encantadora.

Em novembro de 1996, nossa equipe HAP, de cinco pessoas - três homens e duas mulheres - estava pronta. Nesse meio tempo, em Belfast, Patricia Donnelly obteve a ajuda de Desmond Poole, principal psicólogo da *Royal Ulster Constabulary* (Delegacia Real do Ulster) que tratara inúmeros policiais traumatizados. Juntos, criaram interesse considerável entre os clínicos locais. Uma vez iniciada, a notícia se espalhou e o interesse expandiu exponencialmente. Chegou até Dunblane, na Escócia, onde havia dez terapeutas que estavam tratando cidadãos traumatizados após o massacre ocorrido em uma escola, onde um homem desequilibrado utilizou armas de fogo automáticas. Quando ouviram falar de nossa missão, juntaram-se a nós.

O número de clínicos católicos e protestantes era equivalente. Não estávamos capacitando pessoas que se odiavam – profissionais da área clínica possuem um vínculo universal – mas, ao mesmo tempo, existia certa tensão subliminar. Em meus estudos preliminares, aprendi que nunca se pergunta a alguém se é protestante ou católico; seus nomes geralmente revelam essa informação. Ironicamente, as nuanças culturais para a equipe treinadora eram agravadas por falarmos uma mesma língua; as diferenças culturais, contudo, eram tão fortes como se fôssemos franceses ou suecos. Por exemplo, durante o programa de treinamento, fui destacado para orientar Des Poole em sua tentativa de avançar e tornar-se facilitador. O papel de facilitador é observar os alunos em treinamento atentamente durante as práticas para agir na hora que o aluno comete um erro. Des, no entanto - observando atentamente - simplesmente recostava-se diante de erros evidentes. Eu o encorajava para que tomasse mais ação – de que outra forma alunos aprendem? Ele balançava a cabeça em concordância, mas continuava na postura de não interferir.

Precisei aprender que, para os irlandeses, é inadequado chamar a atenção para o erro de alguém em público – bem diferente do estilo norte-americano. Des e eu enfrentamos o problema diretamente e foi possível conversarmos francamente sobre a questão. Ao final do programa, ao negociarmos um possível encontro de acompanhamento da equipe HAP, sugeri uma data próxima. Ele não concordou, achando que estava muito em cima do laço e, na frente de toda a equipe, confrontou-me a esse respeito. Houve um silêncio de choque. Ambos olhamos um para o outro rapidamente e, juntos, caímos na gargalhada.

Realizamos dois programas de Nível I naquela semana. Os alunos eram psicoterapeutas sensíveis, compreensivos e responsivos, dedicados à sua arte, que apreciaram o trabalho que estávamos desenvolvendo e o potencial do EMDR como instrumento de cura.

Nossa equipe de treinamento não efetuou, diretamente, nenhum trabalho clínico na Irlanda do Norte, mas Patricia Donnelly, que tornara tudo possível, participou do primeiro programa de treinamento e, ao final da semana, já havia atendido dois casos. O primeiro era de um adolescente que um ano antes presenciara a morte de seu melhor amigo, que caiu da traseira de um caminhão em alta velocidade. Patricia estivera aconselhando o rapaz há alguns meses sem obter resultados, mas, desta vez, em uma sessão de EMDR prolongada, foi capaz de ajudá-lo a se livrar do trauma, bem como de sua culpa de sobrevivente. O segundo caso era o de um homem católico de quem o IRA suspeitava de cooperação com os protestantes, embora esse rumor não tivesse fundamento. Ele foi sequestrado e ordenado a deixar sua família e sua comunidade caso não quisesse enfrentar um futuro incerto. Quando chegou para a sessão, tremia descontroladamente. Por intermédio do EMDR, foi capaz de recuperar seu equilíbrio e divisar um plano para solicitar apoio a um padre local que possuía alguma influência junto ao IRA e poderia confirmar sua lealdade. Relatórios posteriores indicaram que o homem obteve êxito e permanecia com sua família, livre de sintomas de trauma.

Ao chegarmos a Belfast, havia apenas um terapeuta de EMDR na cidade; quando saímos, deixamos quase cem. Retornamos um ano depois para realizar um treinamento de Nível II para o grupo inicial e outro de Nível I para um novo grupo;

neste ínterim, oferecemos consultoria e apoio por meio de e-mails e fax. Atualmente há 250 terapeutas de EMDR na Irlanda do Norte, uma comunidade clínica autônoma, alguns dos quais tratam exclusivamente crianças. Um ano depois do cessar-fogo, houve um bombardeio na feira em Omagh, cuja autoria foi de um pequeno grupo terrorista dissidente. Os terapeutas de EMDR estavam ali para socorrer os feridos e os membros das famílias de pessoas que foram mortas.

Hoje, é claro, o terror amainou. Nossa equipe humanitária de peritos em EMDR não seria tola o suficiente para superestimar o impacto de nossa atuação, mas, com certeza, temos responsabilidade por uma pequena parcela do caminho percorrido para a cura, paz e reconciliação. Fomos um fio do tecido, entrelaçados com muitos outros fios. Nossos esforços foram inspirados por Francine Shapiro e por todos os modelos que nos precederam no HAP. Irmãos e irmãs clínicos, protestantes e católicos, todos contribuíram ao abrir as portas de sua terra natal para nós e se juntarem na missão da cura.

Quanto a mim, saí dessa experiência com muitos novos amigos e minha paixão pela música e cultura celtas adquiriu nova dimensão. O resultado dessa experiência ímpar vai muito além de minha habilidade de integrar: *Será que foi um sonho? Eu fiz aquilo?* Pressinto que fui capaz de contribuir com algo grande e relevante, e que o instrumento, o EMDR, constitui uma força para a mudança que vai além da cura individual. Por enquanto, não preciso de mais explicações.

AS CIDADES DO INTERIOR

Com tanta atenção direcionada aos esforços HAP fora do país, alguns de nós percebemos que estávamos negligenciando áreas necessitadas nos Estados Unidos. Fora os lugares como Homestead ou a cidade de Oklahoma, onde desastres naturais ou provocados pelo homem chamavam nossa atenção facilmente, muitas regiões dos Estados Unidos possuem serviços de saúde mental limitados, como, por exemplo, as comunidades das cidades de interior e rurais, e as reservas indígenas norte-americanas.

No Capítulo 6, mencionei Elaine Alvarez, que iniciou o Projeto Cidades do Interior. Os cidadãos que não são levados em conta e habitam essas perversas ruas são pessoas decentes, trabalhadoras, preocupadas com suas famílias e que vivem em condições paralelas àquelas que conhecemos na Irlanda do Norte. O conceito de diversidade racial e cultural me fascina – como as pessoas conseguem ser iguais e diferentes ao mesmo tempo. É estranho notar como essas diferenças produzem desconfiança e animosidade, por um lado, e contribuem para a textura do mundo, por outro. A cultura negra, tão ameaçadora e desconcertante para muitos brancos, representa, para mim, uma ilustração dinâmica da diversidade desta nação, e vejo-me atraído pela ideia de trabalhar em uma região de reconciliação e cura racial.

Como muitas outras comunidades de categoria subeconômica dos Estados Unidos, Bedford-Stuyvesant está destituída de serviços básicos de saúde mental e médicos. A amarga ironia, no entanto, é que esses bairros empobrecidos são os que mais precisam deles. Bed-Stuy possui alto índice de traumas discretos originados por uma juventude desprivilegiada e pela proliferação de armas de fogo nas ruas. O EMDR tem sido cada vez mais aceito como instrumento valioso e usado cada vez mais nos treinamentos em cidades do interior. Carol Forgash e eu coordenamos conjuntamente um treinamento HAP contendo oitenta terapeutas comunitários da cidade de Long Island, cuja pobreza e dificuldades raciais são mais intensas do que a maioria das pessoas imagina.

Em Bed-Stuy, nossa equipe de HAP promoveu treinamento em EMDR para um grupo de vinte e cinco terapeutas atuantes e comprometidos com sua comunidade. Diversas questões relativas à confiança vieram à tona, assim como ocorreu na Irlanda do Norte. O ceticismo apropriado que as pessoas expressam em relação ao EMDR foi acrescido de problemas raciais. Embora Elaine seja afro-americana, o que, em certa medida, ajudou-nos consideravelmente, foi necessário despender bastante tempo construindo a confiança do grupo e eliminando a ideia de que queríamos usar os alunos em treinamento como cobaias para um tratamento experimental. Relatórios de acompanhamento a respeito do trabalho apresentaram resultados fenomenais do uso do EMDR em dezenas de casos naquele lugar.

Os efeitos da experiência em Bed-Stuy foram, mais uma vez, poderosos para mim. As facetas multiculturais e multirraciais em meu próprio país desempenham um papel importante no meu pensamento e no meu trabalho. Depois do trabalho em Belfast, Bed-Stuy representou um passo natural. Mais uma vez, se o EMDR pode contribuir para o processo de reconciliação e cura, mais um aspecto da visão de Francine Shapiro pode se concretizar.

ISRAEL E PALESTINA

Em Israel e na Palestina, traumas e retraumatizações acontecem diariamente – na verdade, a taxa de TEPT existente nas duas populações excede 90%! Felizmente, o EMDR já se apoderou de Israel, com mais de trezentos terapeutas de EMDR. No entanto, em novembro de 1999, quando apresentei uma palestra sobre EMDR em Jerusalém, em uma conferência sobre trauma, descobri que na Palestina não havia nenhum.

A diplomacia constitui uma delicada dança e, naquela situação, não era uma exceção. Os treinadores e facilitadores de EMDR em Israel ofereceram-se, generosamente, para capacitar seus compatriotas palestinos, que resistem à vulnerabilidade da posição de irmão caçula em que, mais uma vez, se encontram. No Oriente Médio, guardar as aparências é primordial, e de alguma forma, pessoas de fora do HAP precisam passar a bola do treinamento para os palestinos e, só depois, no devido tempo, integrar ao processo os israelitas que possuírem maior grau de sensibilidade cultural. O objetivo final é juntar terapeutas de EMDR palestinos e israelitas em pé de igualdade. Deste lado do mundo, a desconfiança é enorme. É necessário, portanto, que a cura seja maior.

Ainda assim há esperança. Em 1999, três corajosos terapeutas palestinos cruzaram a fronteira e participaram da conferência em Israel sobre trauma. Seus conhecimentos e habilidades me deixaram muito bem impressionado. Um deles, em particular, produziu forte impacto. Seu nome era Samir, e ele atuava como terapeuta de trauma em um centro de saúde mental em Hebron. Um de seus pacientes era um palestino que, seis anos antes, enquanto trabalhava em Israel, viu seu primo ser atropelado e morto por um caminhão. Essa tragédia estraçalhou sua vida. A despeito de seus melhores esforços, Samir foi incapaz de reduzir os sintomas traumáticos do homem. Ofereci-me para acompanhá-lo de volta a Hebron e verificar se uma sessão com EMDR poderia ser proveitosa. Concordou imediatamente.

O paciente era um orgulhoso homem de aproximadamente cinquenta anos e notável semelhança com um índio norte-americano, que vivia assombrado pelas imagens do acidente em si, e do corpo de seu primo deitado no necrotério coberto com um lençol encharcado de sangue. Seu principal sintoma era uma dor implacável por trás dos olhos, metáfora médica para a dor daquilo que seus olhos viram. Acreditava que o caminhão atropelara seu primo propositadamente e a injustiça das autoridades israelitas ao soltar o motorista após uma investigação superficial era, para ele, insuportável. Trabalhei com esse homem em uma sessão de duas horas e meia, com Samir fazendo a tradução e dando apoio. Durante esse tempo, as imagens ficaram mais fracas, assim como a dor nos olhos, e seu corpo relaxou pela primeira vez em anos. A cura estava longe de sua completude; era preciso mais tempo, com certeza, e eu lamentava não poder oferecê-lo. Aparentemente, no entanto, ele não estava mais emperrado e Samir tinha, agora, a oportunidade de dar prosseguimento ao processo de cura. Passei a Samir o manual clínico sobre as técnicas de EMDR e, no mês de maio, ele participou do primeiríssimo programa de treinamento em EMDR na Palestina, sob os cuidados do HAP, um pequeno passo no processo maior da cura. Parafraseando Confúcio, uma viagem de quinhentas milhas começa com um só passo. EMDR é uma terapia para o presente e para o futuro.

CAPÍTULO 14 – Auto aplicação da estimulação bilateral: sim ou não?

É seguro usar a tecnologia do EMDR sozinho, sem a orientação de um terapeuta de EMDR? A resposta é sim, mas de maneira limitada.

A auto aplicação da estimulação bilateral requer as mesmas precauções de qualquer disciplina que utilize protocolo e necessite de capacitação. Ninguém sobe no palco para uma apresentação teatral profissional sem passar alguns anos sendo treinado e obtendo experiência em dramatização; mesmo aquelas pessoas que atuam em teatro amador fazem-no sob a orientação de um diretor. E, da mesma forma, ninguém se automedica a não ser que o ferimento não tenha gravidade. Pessoas costumam medicar suas dores de cabeça, indigestão e ferimentos menores ou queimaduras leves, por exemplo, sem consultar um médico, mas ninguém dá pontos em si mesmo em caso de corte profundo, nem aplica lenitivos comprados em farmácia quando sofre uma queimadura de terceiro grau.

O autodidata consegue ir até certo ponto – ele pode ler, mas para alcançar um nível mais avançado é necessário *interpretar* aquilo que leu. Não precisamos de professores apenas porque eles têm conhecimento daquilo que não temos, mas porque eles sabem como transmitir determinada experiência. Os instrumentos estão disponíveis para qualquer um em qualquer nível, mas, a não ser que a pessoa aprenda a usar esses instrumentos – e quanto mais sensível a tarefa, mais sofisticado será o instrumento – é melhor procurar alguém que saiba. Já fiz uso da auto-utilização do EMDR diversas vezes, mas quando se trata de aplicação terapêutica, descobri que o melhor é colocar-me nas mãos de algum colega, mesmo que seja novato, aluno em treinamento, ou que tenha uma fração, apenas, do conhecimento que eu tenho. Na verdade, exceto em casos de questões leves, nunca consegui aplicar o protocolo completo em mim mesmo. Não ter a responsabilidade de se observar representa, até mesmo para o perito em EMDR, uma libertação.

O EMDR utiliza a combinação de instrumentos de estimulação bilateral e o protocolo. É possível localizar o protocolo em um livro de EMDR e é possível ainda mover os olhos ou tocar os joelhos no movimento esquerda-direita. Mas só porque os instrumentos estão disponíveis, não significa que devam ser usados sem acompanhamento de um terapeuta de EMDR competente e capacitado. A técnica pode parecer fácil, mas sua aplicação não é. Quando se trata de questões intrincadas e profundas, tais como abuso na infância, principalmente físico ou sexual, ou os efeitos de guerra ou de um acidente horroroso, a auto aplicação do EMDR corre o risco de buscar lembranças e emoções com as quais não se está preparado para lidar sozinho. Se, consciente ou inconscientemente, carrega-se um trauma no sistema por vários anos ou décadas, abrir a caixa de Pandora sem supervisão pode gerar insuportável ansiedade ou, pior, sintomas permanentes de dissociação (confusão, sentimentos de desligamento ou de estar fora do corpo, sensação de irrealismo ou perda de memória).

Devido a esse risco potencial, muitos terapeutas de EMDR, entre os quais está enfaticamente incluída Francine Shapiro, advertem as pessoas a não utilizarem as técnicas de EMDR sozinhas. Na verdade, os programas de treinamento de Nível I e Nível II enfatizam o poder que o EMDR tem de ativar traumas ocultos com tanta veemência que alguns dos alunos saem com receio de aplicá-lo, exceto em casos extremamente simples; outros ficam tão amedrontados que simplesmente nunca o usam.

É fato que *cuidado* deve ser uma máxima no EMDR. Se um terapeuta atua com pacientes frágeis demais e orienta-os a, quando estiverem sozinhos, movimentar os olhos, usar fitas bilaterais, ou tocar seus joelhos, pode provocar uma resposta adversa. Mas se eles o fazem no consultório de um terapeuta qualificado, guiados a seguir lenta e suavemente, eles podem gradualmente desenvolver mais estabilidade e estrutura egóica, assim como mais percepção quanto às origens do problema.

Cuidado é o melhor conselho em muitas áreas. Uma pessoa portadora de enfisema ou problema cardíaco não deveria fazer corridas de velocidade, mas isso não significa que ninguém deva correr. Cuidado não implica exclusão. Em alguns casos, a auto aplicação da estimulação bilateral pode, com eficácia, produzir mais relaxamento, mais criatividade, mais espiritualidade e mais produtividade. Esta bandeira de advertência existe, mas não significa que essa maravilhosa tecnologia deva estar sempre restrita às quatro paredes do consultório terapêutico.

Pessoalmente, utilizo uma regra simples: qualquer coisa que você não tenha conseguido resolver sozinho durante um período de tempo significativo – alguns meses ou mais – principalmente se o problema for recorrente, é algo para o qual você precisará da ajuda de alguém especializado. Especialmente, se você tem uma história de transtorno bipolar ou de psicose, se tem história de trauma na infância, se você sofre de depressão que se prolonga por semanas, de ataques de pânico ou de explosões de raiva, ou se você abusa de bebidas alcoólicas ou de drogas, a sua situação exige ajuda profissional e não autoajuda.

Nessas circunstâncias, a auto aplicação de qualquer abordagem terapêutica (e principalmente do EMDR, tendo em vista os seus efeitos rápidos e altamente voláteis) não é aconselhável, especialmente se a auto aplicação impedir a procura de atendimento apropriado.

ESTIMULAÇÃO BILATERAL NA VIDA DIÁRIA

Quando caminhamos, quando respiramos, quando conversamos, quando escutamos, quando *vivemos*, estamos sendo estimulados. Estimulação bilateral é parte natural e necessária dessa estimulação e, como tal, produz relaxamento, melhoria e cura. A pessoa que caminha ou corre pisa com o pé esquerdo seguido do pé direito dentro de um ritmo natural. Ouvimos sons advindos de diferentes direções (música estereofônica constitui um bom exemplo, assim como uma conversa entre amigos). Quando lemos, movemos nossos olhos de um lado para outro; quando assistimos televisão, nossos olhos passam de uma cena para outra. Tudo totalmente natural; na verdade, sem tal estimulação de uma forma regular, nosso funcionamento neurofisiológico sofreria, no início, para depois entrar em colapso.

Você já presenciou alguém absorto em pensamento profundo espontaneamente movimentar os olhos? Às vezes, temos consciência da necessidade de estimulação, noutras, não. Uma mulher luta para resolver um problema. Dirige-se à porta. "Aonde você vai?". "Vou dar uma caminhada para pensar melhor", ela responde. É possível que ela acredite que o motivo que a leva a caminhar é a contemplação solitária e isso, certamente, faz parte. Mas, em algum nível corporal, ela carrega a consciência de que a estimulação esquerda-direita do caminhar, em si, ajudará a fazer as conexões necessárias e obter perspectiva sobre o assunto.

"Gosto de ler", afirma o executivo, "me ajuda a relaxar." O que ele lê pode ser de conteúdo provocativo, inflamatório e altamente estimulante, mas o ato físico de ler promove relaxamento, na medida em que seus olhos vão da esquerda para a direita, da esquerda para a direita.

Música estereofônica não atinge nossos ouvidos simultaneamente; essa é uma das razões porque nos é agradável - relaxante ou estimulante, assim como o livro – resultado de qualidade bilateral. Quando nadamos, dançamos, fazemos ioga, andamos de bicicleta, somos estimulados bilateralmente. Essa é uma parte natural de nós e existe por um motivo saudável.

A prática do EMDR ativa a estimulação bilateral deliberadamente e a associa com um alvo que tem ressonância com a memória e o sentido. Sim, desbloqueia trauma e como tal, pode abrir o desconforto experimentado por alguém como parte do processo de cura. E, sim, como foi observado, isso pode ser perigoso quando efetuado com a pessoa errada no momento errado. Se você observar o processo do EMDR, no entanto, a fase final é a instalação da crença positiva. Uma vez resolvida e esvaziada a questão negativa, a positiva pode substituí-la com mais facilidade. E a força que motiva esse movimento, a estimulação bilateral em si, vem da natureza.

Deixada por si só (a não ser que haja alguma coisa bloqueando-a), a estimulação bilateral pode auxiliar-nos a absorver situações mais profundamente, em especial experiências positivas e os estados de crença. Podemos combiná-la com diversas atividades, aplicá-la de diferentes maneiras. Como e quando fazemos uso consciente deste instrumento faz com que seja mais ou menos eficiente, mas está sempre ao alcance de nossas mãos.

Enquanto escrevo, agora, por exemplo, estou usando fones de ouvido e escutando um CD contendo música bilateral - na verdade, tenho usado os fones durante a escrita do livro inteiro. A estimulação auxilia-me a formular meus pensamentos com maior concentração e criatividade; ajuda-me, até, no uso da linguagem.

Quando redijo meus documentos profissionais, costumo ficar sentado ao processador de textos por até oito horas consecutivas, ouvindo sons bilaterais o tempo todo. Depois de um curto espaço de tempo, nem percebo o som conscientemente; só sei que me ajuda a estar mais organizado, mais criativo, menos estressado e menos cansado. Nas vezes em que me esqueço de colocar os fones de ouvido, percebo minha redação como sendo mais árdua e não gosto tanto do produto final.

Utilizo sempre a estimulação bilateral para gerar ideias. Se chego a um entrave específico na área clínica, pessoal ou criativa, ou simplesmente querendo achar um caminho, coloco os fones de ouvido e deixo o trem do meu pensamento levar-me a encontrar minha melhor resposta. Frequentemente, isso acontece em velocidade máxima. Nossas mentes, claro, estão sempre saltando de um pensamento para o seguinte. Isso se chama associação livre quando utilizada como instrumento de descoberta na psicanálise – e a estimulação bilateral faz isso em velocidade máxima. Junto com o processo vêm pensamentos, emoções, experiências corporais e, finalmente, insights. Se durante a estimulação bilateral você se pergunta, *Por que estou pensando isto agora?*, a resposta costuma chegar rapidamente, com a sensação de adequação, podendo ser colocada em uso de imediato.

Na psicanálise, o objetivo da associação livre não é necessariamente atingir o trauma, e sim explorar os pensamentos quase conscientes do paciente. De forma semelhante, no EMDR, o objetivo é chegar aonde o paciente vai – a um ponto de cura. Embora esse ponto às vezes não possa ser alcançado sem passar pelo trauma, pode ser alcançado por intermédio de pensamentos, lembranças, sensações corporais e emoções não traumáticas. Surpreendentemente, não importa se o processo faz sentido para o paciente de EMDR – se ele ou ela compreende ou não o que está acontecendo em sua mente ou em seu corpo não é relevante. O que importa é seguir a trilha que se modifica rapidamente para onde quer que vá; a rota tomada pelo paciente é aquela pela qual ele ou ela *precisa* ir. Se a trilha levar ao trauma, é para lá que se precisa ir. Se levar para longe do trauma, não é resistência; significa apenas que o trauma não deve ser visitado ainda. A trajetória voltará e passará pelo trauma? Pode ser que sim, pode ser que não. As respostas podem encontrar-se em caminhos neurais distintos e o terapeuta precisa estar aberto para seguir junto com o paciente, sem pressuposições ou preconceitos.

A auto aplicação da tecnologia do EMDR elimina um elemento chave: o terapeuta. Não haverá ninguém presente para observar, refletir e orientar você enquanto embarca em sua própria associação livre em ritmo acelerado, ninguém com quem discutir o processo. Em razão disso, o processo deve ser mantido básico.

EMDR E RELAXAMENTO

Terapeutas de EMDR sabem que estimulação bilateral sem alvo ou ativação costuma levar a uma resposta de relaxamento – de mente e corpo. Assim, na auto aplicação, se seu objetivo é relaxamento, então inicie com a consciência de onde, no corpo, se sente relaxado, um pensamento agradável, ou uma imagem de um lugar seguro e tranquilo. Se algo negativo ou desestruturante aparecer procure, suavemente, deixá-lo de lado concentrando-se na ideia positiva. Se isso não funcionar, ou se surgir alguma coisa perturbadora, pare imediatamente e faça alguma atividade distrativa.

Todas as noites, quando vou deitar, mesmo se já estiver quase dormindo, pressiono de leve os punhos esquerdo e direito, esquerdo e direito, parando naturalmente ao adormecer. Se acordo no meio da noite, os mesmos movimentos costumam acalmar-me e levar-me ao sono outra vez. Durante o dia, se fico tenso e não tenho acesso a um *walkman* e a um de meus CDs, também utilizo essa forma de auto estímulo tátil. Ocasionalmente, faço movimentos oculares bem lentos e suaves, mas prefiro fazer alguma coisa que não afete minha visão. Quanto mais passivo for o movimento, menos preciso me concentrar nele (e apertar os punhos exige pouca concentração) e mais aberto fico para o pensamento livre.

Esse, contudo, é o meu método; escolha o seu de acordo com sua preferência pessoal. Algumas pessoas – como o executivo citado anteriormente – dizem que ler ajuda-as a relaxar, mas nesse caso pode-se ser influenciado pelo conteúdo da leitura, que pode influenciar sua reação e, assim, anular o efeito relaxante do movimento ocular.

Muitas pessoas optam pelo movimento ocular como forma preferida de estimulação bilateral. Na auto aplicação, torna-se mais fácil se escolher um lugar na parede e depois outro, alinhados horizontalmente na parede ou no quarto (um abajur ou um quadro, por exemplo). Então, mantendo a cabeça parada, olhe lentamente de um dos lugares escolhidos para o outro e, a seguir, de volta. Sem saltos, mas com movimentos suaves e uniformes. É possível realizar o mesmo movimento com os olhos fechados, mas, para alguns, isso é mais difícil. Com prática, qualquer movimento deve acontecer facilmente; apenas escolha o que mais lhe convier. Assegure-se de que o movimento seja devagar. Em todas as formas de estimulação bilateral, quanto mais rápida for a estimulação, mais ativadora será – o que assume função contrária ao objetivo do relaxamento.

Na auto aplicação da bilateralidade, as ideias, as técnicas e os alvos podem ser usados, mas de maneira bastante limitada. O pai (ou mãe) de uma criança que não tenha problemas emocionais significativos pode utilizá-la para facilitar o sono da mesma na hora de dormir ou para dissipar temores infundados. Crianças, principalmente as mais novas, respondem muito bem à estimulação bilateral suave. Se apertarmos seus pés, mãos ou ombros de maneira gentil, massageando direito, esquerdo, direito, esquerdo, a criança perturbada tende a relaxar (aplicar a mesma técnica no cônjuge pode auxiliar no alívio do estresse circunstancial). Essa abordagem não deve ser utilizada se a criança se opuser ou na tentativa de negar emoções verdadeiras e apropriadas.

Quando você está com raiva ou preocupado, apertar os punhos esquerdo-direito pode auxiliar a enfraquecer a intensidade da emoção e permitir um senso de perspectiva mais abrangente. Uma pequena caminhada, atentando para o que se passa em sua mente tem mais eficácia do que se possa imaginar. Em reuniões de negócios, apertar ou tocar levemente os joelhos (por baixo da mesa!) pode aliviar a ansiedade de desempenho e melhorar sua concentração e autoconfiança. E sons bilaterais possuem especial eficácia em situações estressantes nas quais se pode levar um aparelho que toque CDs ou fitas cassete: antecedendo uma entrevista para emprego, uma audição ou um jogo de tênis; durante tratamentos odontológicos prolongados; ou antes, ou até mesmo durante cirurgias realizadas com anestesia local. Nesse procedimento, enquanto os sons bilaterais ajudam a relaxar a mente e o corpo, o paciente retém menos ansiedade no corpo e pode cooperar melhor.

Recentemente, submeti-me à cirurgia corretiva da visão com *laser*. Sempre fui muito ansioso em relação a qualquer coisa que tocasse meus olhos diretamente – mesmo se fosse eu a encostar neles – portanto, a perspectiva da cirurgia foi altamente estressante (descobrimos que eu tenho uma quantidade incomum de terminações nervosas em meus olhos, o que prova que às vezes a fobia não está sempre na mente). O oftalmologista ofereceu-me Valium antes do procedimento, mas recusei. Levei comigo CDs com música bilateral e fones de ouvido, que toquei antes, durante e após a cirurgia. O barulho fino característico do *laser*, a pressão sobre os olhos e o cheiro de queimado enquanto o *laser* reformava minha córnea – qualquer uma dessas coisas, por si só, seria capaz de provocar uma reação de pânico em mim. Entretanto, permaneci completamente calmo o tempo todo (as pálpebras são presas abertas com grampos durante toda a cirurgia para evitar que os olhos pisquem). Depois que acabou e os grampos foram finalmente removidos, o médico e o auxiliar admiraram-se por eu ter sido o único paciente cujos olhos fecharam natural e facilmente após a cirurgia. E sem o uso de remédio para ansiedade!

MEDO DE ALTURA

A auto aplicação da estimulação bilateral pode ajudar a controlar fobias leves, mas não fobias difusas ou transtornos do pânico (onde, além de imprescindível, é prudente a presença de um terapeuta especializado). Por muito tempo lutei com o medo de altura, que se tornou especialmente agudo um dia, em 1980, na cidade de Seattle, quando Nina e eu visitamos o *Space Needle* (Obelisco Espacial). Ao aproximarmo-nos do ponto turístico, lutei contra a noção, obviamente irracional, de que *este é o dia em que vai desabar*. O Obelisco foi construído em 1962 e estava claro que esperou vinte anos até que eu fosse conhecê-lo e subisse até o topo *para atirar-se ao chão*. Eu não me entregava ao medo, portanto obriguei-me a subir, meus joelhos e estômago tremendo e minha cabeça rodando durante todo o trajeto. Depois que descemos, eu teria me ajoelhado e beijado o chão se não houvesse tanta gente ao redor.

Quinze anos depois, visitei Toronto, lar da Torre Nacional do Canadá edifício bem mais alto do que o Obelisco Espacial. Conhecendo então o poder do EMDR, resolvi experimentá-lo como desafio a mim mesmo. Desta vez, usando os fones de ouvido e escutando o CD, esperei na fila pelo elevador, olhei para cima e observei o gigante crescendo sobre mim. Senti uma pontada de ansiedade, que sumiu da mesma forma que surgiu. O elevador subindo aceleradamente não constitui problema algum. No piso final, senti outro impacto momentâneo ao sair do elevador, mas assim que comecei a caminhar na plataforma, senti-me à vontade e pude admirar a vista panorâmica. Então aproximei-me de minha potencial Nêmesis: uma área de vidro de aproximadamente três por sete metros, da qual se pode enxergar tudo abaixo, mais de trezentos e cinquenta metros até o chão.

Embora a área seja extremamente segura, eu podia ver as pessoas chegando até a beirada e olhando para baixo com cautela, como se estivessem à beira de um precipício. Isso demonstra o quanto o cérebro é um órgão misteriosamente complicado, identificando instintivamente sinais de falso perigo que se sobrepõem ao intelecto. De qualquer forma, com o som movendo-se de um lado para outro em meus ouvidos, sentia-me ótimo. Dei um passo à frente e olhei para baixo sem o menor indício de ansiedade. Atravessei por sobre o piso invisível algumas vezes e então segui em frente. Somente alguém que tenha experimentado o mesmo tipo de fobia pode compreender e apreciar o significado dessa vitória.

Enquanto explorava a torre, uma lembrança apareceu. Eu tinha seis anos e estava em Paris, quando meus pais levaram minha irmã e eu até o topo da Torre Eiffel. O vento batia em nós com muita força e as grades eram muito baixas (de lá para cá esse andar foi totalmente gradeado), e eu estava morrendo de medo de que o vento me derrubasse lá de cima. A estimulação bilateral recebida na torre, além de minimizar minha ansiedade, evocou a lembrança que provavelmente originou a fobia. Quando tive a oportunidade de retornar à Torre Eiffel com Jonathan há dois anos, subimos dois terços do trajeto (teríamos subido até o topo, mas as escadas estavam fechadas), em degraus feitos de grade de ferro, pelos quais se pode enxergar até o chão. Não tive medo. É raro alguém conseguir retornar à origem do trauma de infância, de modo a completar o processo de eliminá-lo. Foi uma experiência tremenda.

MEDO DE PALCO E ANSIEDADE DE AUDIÇÃO

Para alguns atores, a origem do medo de palco remonta a algum trauma de infância. Estar no palco provoca a sensação de estar sendo atentamente examinado por um pai (ou uma mãe) invasivo, hipercrítico ou, quem sabe, fisicamente abusador. Por essa razão, reconhecimento emocional e neurofisiológico, juntamente com o reprocessamento do trauma, é essencial para superar esse medo paralisante. A auto aplicação da estimulação bilateral não é recomendada em situações de tamanha gravidade; é preciso que esses atores sejam tratados por terapeuta capacitado.

Para outros atores, a causa não é tão grave. Alguns podem ter sido humilhados por um professor ou por colegas quando tentaram fazer um discurso ou apresentaram uma resposta errada, por exemplo.

A estimulação bilateral costuma produzir pelo menos uma redução mínima da ansiedade. Não é realista, no entanto, supor que a auto aplicação trará uma total resolução do medo de palco. Esperar que isso ocorra é construir uma situação de fracasso. Tenho percebido em meu trabalho com atores que, se eles ouvirem sons bilaterais até a hora da apresentação, pode ocorrer ansiedade, mas, em geral, ela aumenta até determinado ponto e, por conta própria, diminui gradativamente.

Meu conselho para atores e pessoas que falam ao público e possuem medo de palco é o seguinte: compareça a algumas sessões com um terapeuta de EMDR para verificar se existe alguma causa arraigada. Se não existir, ou se for identificado algum trauma relevante e for devidamente processado, pode fazer uso dos sons bilaterais por pelo menos quinze minutos antes de subir ao palco. Durante a apresentação, pode-se lançar mão, sutilmente, do apertar consecutivo de punhos ali mesmo. Provavelmente, o medo diminuirá, caso não desapareça totalmente. Se discobrir que seus problemas são mais complexos, precisará decidir se vale a pena investir em um tratamento mais prolongado com EMDR.

"Quanto mais relaxado, melhor." Esse é meu lema e para ser consistente com o mesmo, antes de fazer qualquer apresentação ouço sons bilaterais enquanto reviso meus apontamentos. Na verdade, tenho experimentado relaxamento mais profundo e maior criatividade. Parece que, sempre que estou nesse procedimento, surgem novas ideias e quando me apresento, estou concentrado. Animado, sim; mas sem excesso de adrenalina. Mal posso esperar para iniciar por que quero abordar as novas ideias que tive. Enquanto falo, entro com frequência em um estado de fluxo verbal, onde as palavras parecem sair sozinhas; no entanto, estou bem presente e consciente de que aquilo que estou falando é o que melhor representa meus pensamentos naquele momento. Encontro-me, simultaneamente, em piloto automático e no atento controle do vôo.

Isso, para mim, constitui a essência do desempenho máximo.

E mesmo o desempenho máximo pode ser aprimorado. Uma das razões que levou Tiger Woods a ser um campeão tão formidável, por exemplo, é que ele está sempre buscando maneiras de ficar melhor. Um amigo meu, jogador de golfe, perguntou-me se eu achava que o EMDR poderia ser útil para ele. Tinha certeza que sim e disse isso a ele diretamente. Meu amigo jogava bem, mas possuía alguns pontos vulneráveis em seu jogo, principalmente por precipitar-se nas tacadas quando estava nervoso. Pedi a ele que imaginasse as situações em que isso costumava acontecer e ele percebeu que era, basicamente, nos primeiros buracos, antes que ele pudesse se acalmar. Assim que isso foi processado com EMDR, passou, naturalmente, a visualizar-se respirando fundo e reduzindo a intensidade da tacada.

Com jogadores de golfe, na verdade, tenho usado uma abordagem dupla. Peço-lhes que usem os fones de ouvido de quinze a trinta minutos antes de iniciar a partida. Também os estimulo a aproveitar o tempo de caminhada até cada buraco durante o jogo. Sugiro que procurem perceber o que vem à mente, seja positivo ou negativo. Se for negativo, "elimine na caminhada", se positivo, "integre na caminhada". Se o jogador dá uma boa tacada, levo-o a, enquanto caminha, visualizar a jogada, e lembrar como se sentiu corporalmente. Mas se foi uma bola curva ou com efeito, oriento-o a usar a caminhada para liberar os pensamentos negativos, as emoções ou imagens negativas. A oportunidade de caminhar no golfe propicia estimulação bilateral contínua e natural; em outros esportes, a bilateralidade precisa ser ativada de maneira mais consciente.

AUTO EMDR E AUTOQUESTIONAMENTO

Se estiver sofrendo de depressão profunda, prolongada ou aguda, somente poderá obter ajuda mediante trabalho intensivo junto com um terapeuta. Entretanto, se estiver sentindo-se meio estranho ou houver alguma coisa importunando você sem que saiba o quê, a auto aplicação da bilateralidade pode lhe ajudar. Utilizando a estimulação esquerda-direita, volte-se para sua emoção e sensação corporal. Dê continuidade à estimulação e faça a seguinte pergunta a si mesmo: *Por que isto está me incomodando agora?*

A resposta verdadeira está somente em você, e se estiver disposto a confiar e acompanhar sua mente para onde ela o levar, alcançará uma resposta. Não se surpreenda se a resposta chegar rapidamente. A tendência é que quanto mais utilizar essa técnica, mais à vontade ficará com ela e mais adepto você ficará a ela. Na verdade, a técnica pode ser usada para aliviar diversos tipos de pequenas dificuldades psicológicas: ansiedade flutuante, por exemplo, e a sensação generalizada de que há algo errado fisicamente, mesmo que não seja localizado. Se perguntar a si mesmo *O que está realmente me incomodando agora?* a resposta poderá aparecer em sua cabeça: *Estou muito chateado com a forma com que meu chefe me tratou hoje de manhã.* Se sua mente encontrar a resposta rapidamente é provável que seja verdade, não importando o quanto possa parecer sem sentido no contexto atual. E se você prosseguir, poderá contar-lhe mais coisas ou talvez virar em outra direção, alargando o espectro de sua investigação pessoal. Em sessões terapêuticas, quando uma pessoa me faz uma pergunta, costumo pedir-lhe que faça a pergunta a si mesmo. Isto que estou descrevendo aqui é basicamente a mesma coisa, embora você seja, ao mesmo tempo, o orientador e o orientado. Lembre-se sempre da advertência: ao primeiro sinal de angústia indevida, interrompa o processo de imediato e encontre outra atividade para distrair sua atenção.

EMDR E APRENDIZAGEM

Pais de crianças que fazem uso de som bilateral enquanto estudam informam-me que seus filhos parecem concentrar-se melhor e reter mais do conteúdo lido. Essa conclusão não está baseada em pesquisas profundas, apenas em observação de crianças – e seu próprio relato. Somente podemos especular sobre as razões que levam a isso e, mesmo assim, não há garantia de que funcione em todos os casos; em minha experiência, contudo, os resultados são impressionantes.

Trabalho com muitos adolescentes e jovens adultos que estão se preparando para enfrentar as provas do SAT*, MCAT** e LSAT***; com alunos de faculdades estudando para as provas finais; e com advogados em potencial que vão fazer as provas para ingressar na categoria.

*N. da T. *Scholastic Aptitute Test* – prova para alunos que querem entrar para a universidade.

**N. da T. *Medical College Admissions Test* – prova para ingressar na carreira de medicina.

***N. da T. *Law School Admissions Test* – prova para ingressar na carreira de advocacia.

A estimulação bilateral ajuda na concentração mental e, ao mesmo tempo, proporciona maior liberdade mental para digerir a informação pertinente – parece que elimina o entulho. Até mesmo nas questões mais simples de múltipla escolha, apertar os punhos esquerda-direita, esquerda-direita pode, amiúde, ajudar na escolha entre as opções. Pode ajudar a superar bloqueios em perguntas dissertativas, permitindo que as ideias sejam organizadas de forma mais clara. O uso dos fones de ouvido antes de uma prova reduz a ansiedade, como no caso de subir ao palco. Mais uma vez, trata-se de fazer conexões.

Se, durante meu trabalho, percebo que a história pessoal de alguém atrapalha essa abordagem – se existir história de trauma na infância ou visível manifestação de dissociação – aconselho aquele paciente a manter distância da auto aplicação antes de uma prova (e, na verdade, em qualquer outra ocasião). De resto, no entanto, os efeitos podem ser significativos.

EMDR E DOR

Síndromes de dor tendem a ser exacerbadas pelo estresse; dor contínua, em si mesma, constitui uma fonte de estresse. Estimulação esquerda-direita pode, em geral, aliviar a dor, especialmente se estiver relacionada ao estresse. Entretanto, é preciso proceder com cautela: por meio da dor, o corpo sinaliza que há algo errado, indicativo que deve ser levado em conta e verificado completamente na clínica médica. Se a dor provém das fortes garras de uma lembrança traumática, a estimulação bilateral pode ser um instrumento desestruturante. Para dores menores, no entanto, como tensão muscular, leve dor nas costas e outras semelhantes, a aplicação suave e lenta da estimulação bilateral pode aliviar, principalmente se associada a pensamentos positivos ou imagens reconfortantes. Procure identificar lugares no corpo em que não haja dor e associe a eles uma cor que, na sua imaginação, combine. Lenta e suavemente, ative a estimulação bilateral e observe para onde vão seus pensamentos. Volte, periodicamente, para verificar onde no corpo está a sensação confortável, imagine a cor que acompanha a sensação positiva e dê continuidade à estimulação bilateral.

A mesma técnica pode ser utilizada com desconforto emocional. Concentre-se primeiro em pensamentos e emoções positivas, as coisas boas de sua vida, e envolva a região dolorida com elas - revista emocional e fisicamente aquilo que lhe é desconfortável com a sensação agradável. Vê-los lado a lado pode ativar uma perspectiva mais otimista.

A auto aplicação da estimulação bilateral ajuda a fazer conexões, eliminar bloqueios, melhorar desempenho e criatividade, e proporcionar alívio à dor e à ansiedade leve. Você pode utilizá-la para obter maior relaxamento emocional e, também, espiritual – muitas vezes as pessoas usam a estimulação bilateral associada à oração ou meditação. Estimulação esquerda-direita faz parte de nosso sistema neurofisiológico, que possui efeito direto em como sentimos em nossa mente, nosso corpo e nossa alma. É um processo totalmente natural. Deve ser aplicado com atenção e cuidado, mas nele encontram-se liberdade, possibilidade e esperança.

CAPÍTULO 15 – Olhando à frente

Até o momento, terapeutas de EMDR percorreram um caminho curto – mas já realizamos maravilhas. A "semente" de uma ideia que Francine Shapiro plantou em 1987 e eventualmente se tornou o EMDR, tem crescido em uma árvore que contém quarenta mil galhos – terapeutas de EMDR – assim como milhões de frutos, todos aqueles que foram ajudados por este instrumento fantástico com nome esquisito: Dessensibilização e Reprocessamento através de Movimentos Oculares.

Utilizo as técnicas de EMDR há oito anos, adaptei sua aplicação para o meu jeito, as vi promover cura de traumas recentes e há tempos soterrados, e assisti transformações positivas ocorrerem em pessoas, comunidades e nações. Entretanto, sei que estamos apenas começando e que, à medida que nosso domínio do método aumentar, poderemos, em velocidade e profundidade nunca antes imaginadas, promover mais curas. EMDR é o centro de uma roda clínica cujos raios consistem nas principais orientações terapêuticas: psicanálise, gestalt, centrada no paciente, corporal e cognitivo-comportamental. Tudo se resume em conexões – curar aqueles que estão quebrados, os construindo quando nada existia anteriormente. Funciona ao sistematicamente ativar e integrar corpo, mente, pensamento, emoção e espírito. E crescerá e se transformará, não em seus princípios básicos, mas na medida em que aumentar nosso conhecimento sobre corpo, cérebro e espírito, e sobre as interconexões existentes entre eles.

A filosofia subjacente ao tratamento com EMDR é que a transformação emocional é possível e que a cura das pessoas pode ser efetuada rápida e profundamente. No trabalho com EMDR, terapeuta e paciente abrem uma porta para a psique e passam por ela juntos. Nenhum deles sabe o há pela frente; o aposento em que entrarem será novo para os dois, repleto do inesperado. E esse aposento, uma vez explorado, abre inúmeras outras portas para inúmeros outros aposentos, todos a serem investigados até que o paciente esteja integrado por inteiro, e o terapeuta, também enriquecido, enxergue mais profundamente dentro de si e possa utilizar esse conhecimento em sua própria vida e em sua missão de ajudar os outros.

OS MISTÉRIOS PERMANECEM

Então já andamos bastante, mas ainda precisamos ir mais longe. Apesar dos enormes avanços proporcionados pela neurologia mediante pesquisas e mecanismos de tomografia, o cérebro mantém-se misterioso e, até que esses mistérios sejam resolvidos, não poderemos compreender completamente o funcionamento do EMDR; nem poderemos demonstrar totalmente os mecanismos que produzem esses resultados fantásticos. Já mencionei que eu e mais três colegas estamos usando um aparelho de ressonância magnética (MRI) para observar os cérebros de portadores de TEPT enquanto recebem EMDR. Percebemos que existe mais atividade no hemisfério direito no início do tratamento, e mais atividade bilateral no final; nossa pesquisa, no entanto, ainda está na pré-escola, e ainda nem aprendemos a "ler".

De qualquer forma, vitórias surpreendentes têm ocorrido à medida que compreendemos as interações entre o corpo e o cérebro – do sistema humano como um todo – que virão a evitar e curar traumas corporais e emocionais. Na verdade, quanto mais compreendemos a maneira pela qual as experiências da vida afetam o cérebro, mais poderemos curar seus ferimentos e os sintomas que os acompanham. Daqui a dez anos seremos capazes de curar os efeitos do trauma de maneira mais eficaz e previsível do que fazemos hoje; o monitoramento das funções cerebrais durante a terapia (usando equipamentos de mapeamento cerebral ainda sofisticados) fará parte do processo.

O EMDR integrará outras metodologias avançadas que atuam sistematicamente com o objetivo de curar traumas. Experiência Somática (SE), por exemplo, cujo conceito fundamental é que animais caçados não desenvolvem TEPT porque conseguem sacudir os efeitos do perigo passado, concentra-se em auxiliar o corpo do paciente, congelado pelo trauma, a estar atento às sensações e aos movimentos no processo de libertar a experiência traumática presa no corpo. Embora esse método não propicie as conexões diretas entre o pensamento e a emoção, cruciais para o EMDR, pode-se aprender muito com ele, principalmente quanto a usar sensações positivas como alvo.

De maneira semelhante, Terapia do Campo do Pensamento (TFT – *Thought Field Therapy*) pode ser capaz de ser combinada com o EMDR produzindo uma terapia nova e mais versátil. Seu trabalho sintetiza cinesiologia aplicada com a abordagem oriental do fluxo energético – *chi* ou *prana* – e faz uso do toque ou de leves batidas de pontos da acupuntura em sequência para liberar a energia por meio das linhas meridionais. Vale a pena explorar.

Na psicoterapia, assim como na medicina, sabedoria antiga merece respeito e estudo, pois há várias abordagens para a cura da psique humana, assim como para a cura do corpo. Índios norte-americanos, por exemplo, bem como os sul-americanos, africanos e asiáticos, usam tambores, sons e cantos, muitos dos quais envolvem estimulação bilateral. Pesquisadores, incluindo eu mesmo, estão estudando até agora os efeitos do som no processo da cura. Neste novo século, técnicas de cura da nova e da velha era continuarão sendo integradas.

O FUTURO DO EMDR

Demonstrei que os procedimentos do EMDR podem ser eficazes em áreas diferentes da cura de traumas. Se nos dias de hoje eles conseguem remover bloqueios na aprendizagem, no desempenho e na criatividade, bem como prover aprimoramento para aqueles que são os melhores naquilo que fazem, pense o que pode acontecer nas próximas décadas! Com a ampla aceitação da estimulação bilateral e sua capacidade de desbloquear e aprimorar, é possível que atletas não precisem sofrer bloqueios prolongados, e incapacitantes bloqueios criativos passarão a ser história para escritores, atores e pintores. Estudantes, usando fones de ouvido com sons bilaterais para fazer o dever de casa, ou mesmo durante a realização de provas, podem perceber que sua retenção de fatos aumenta e sua interpretação desses fatos se torna mais clara e organizada.

Quem sabe até nossos sistemas políticos possam mudar e, assim como a crua motivação por lucros em negócios, para o bem de todos. Enfermidade, fome, guerra, abuso e ódio racial e de classes – nada disso está permanentemente determinado. Mudar é, atualmente, uma questão de como e quando, e não de se é possível ou não. Acredito que todos os problemas do mundo podem e serão solucionados? Claro que não. Nem acho que possamos curar os traumas que afligem nossas sociedades exclusivamente por meio do EMDR. Entretanto, o EMDR me ensinou que essas coisas podem mudar mais do que eu poderia imaginar. Se ele pode promover transformação em pessoas individuais, integrando sistemas que nos tornam unos, então a extensão disso às nossas vizinhanças e nações não constitui um salto grande demais. Até já começamos em Bed-Stuy e em Belfast.

Uma experiência emocional positiva cura a mente, o corpo e a alma – todos aspectos do Eu integrado. Para mim, receber e aplicar o EMDR estimulou a progressão natural da cura dentro de mim para a cura de outros, para o desejo de que a cura se alastre pelo mundo. Nenhuma outra abordagem de saúde mental propicia esse processo de forma direta, embora terapeutas, como indivíduos, têm se juntado para estender ideias de consciência social para grupos sociais maiores. Mas, até onde sei, cura individual nunca foi tão integrada em uma abordagem terapêutica universal – até que Francine Shapiro reconheceu as possibilidades do EMDR e passou a aplicá-lo em lugares como a cidade de Oklahoma. A cura do trauma, seja individual ou nacional, implica o rompimento do ciclo de violência – e da perpetuação do trauma – por meio do fortalecimento do ciclo da cura. Esse é um fluxo natural.

A grama consegue achar seu caminho através de rachaduras nas calçadas de concreto. Nada precisa permanecer do jeito que está. Pessoas não precisam viver com o fardo de sintomas de TEPT em sua vida emocional, física ou familiar – veja o que aconteceu com a centena de maquinistas da estação ferroviária de Long Island que puderam, curados por meio do EMDR, resgatar sua unidade de vida. E se há centenas e milhares deles, por que não centenas de milhares, por que não milhões? Podemos utilizar o EMDR para contribuir com a cura do mundo. Uma fantasia arrojada, mas válida.

Nas últimas semanas, estive tratando de Bart, um homem de uns cinquenta anos, cujo trauma é resultante de uma série de infortúnios ocorridos no espaço de cinco anos. Ele estava em um prédio que ruiu; escapou por pouco de seu carro em chamas; foi preso por engano (e logo solto) por assalto a uma loja de bebidas; e foi soterrado durante o bombardeio na cidade de Oklahoma. Sua reação ao EMDR foi tão boa que passou a ouvir meus CDs bilaterais enquanto fazia suas caminhadas em Manhattan. Uma manhã, levantou os olhos e viu um homem pulando do telhado de um edifício de quinze andares. Enquanto outras pessoas que testemunhavam o incidente gritaram horrorizadas, ele pensou, *Como ele deve estar desesperado para tirar a própria vida.*

O suicida caiu sobre um carro a aproximadamente seis metros de Bart e das demais pessoas presentes. Enquanto Bart ficou triste e filosófico, os outros se desestruturaram. Quando chegou ao meu consultório, conseguiu relatar o incidente com a dor apropriada, mas sem indicação de trauma. Percebi que essa foi o primeiro exemplo que eu soube de alguém processar um trauma durante seu acontecimento. Quando ele se foi, pensei, *Por que não outros?* Por que não usar o EMDR preventivamente, além da sua utilização para a cura? Essa é uma área de grandes possibilidades.

Quanto a mim, raramente engasgo com minhas emoções e oportunidades – e quando o faço, percebo. A maior parte do tempo sinto-me transparente, consciente de meus objetivos. E com frequência ouço a voz de Bob Marley, aquela que ouvi durante minha primeira experiência com EMDR, cantando:

Emancipe-se da escravidão mental
Somente nós podemos libertar a nossa mente.

RECURSOS

Referências de terapeutas de EMDR norte-americanos estão disponíveis pelo Instituto de EMDR (ramo de treinamento) e pela Associação Internacional de EMDR – EMDRIA (a organização de sócios). No Brasil pode-se encontrar a lista de terapeutas credenciados no site da www.emdrbrasil.com.br. Também há uma Associação Brasileira de EMDR www.emdr.org.br. Há mais de 100.000 terapeutas treinados em EMDR no mundo. Podem ser encontrados nos cinquenta estados dos Estados Unidos e em todos os continentes.

Observe, por favor, que o nível de proficiência com o método varia entre os terapeutas de EMDR. Escolha um profissional que tenha completado todos os níveis. Procure saber quando ele concluiu o curso e o quanto utiliza a técnica em sua prática. Também vale a pena consultar-se com alguém que, antes de aprender a usar o EMDR, já era um terapeuta bem treinado e experiente. Bons terapeutas de EMDR são como outros terapeutas: bons ouvintes, sensíveis, respeitosos e autoconfiantes.

- EMDR Treinamento e Consultoria, Ltda.
  Site: www.emdrbrasil.com.br
- Associação Brasileira de EMDR
  Site: www.emdr.org.br
- EMDR Institute, Inc.
  Site: www.emdr.com
- EMDR International Association (EMDRIA)
  Site: www.emdria.org
- EMDR-HAP (Programas de Assistência Humanitária)
  Site: www.emdrhap.org

Para obter informações a respeito dos produtos de som bilateral (CDs e fitas cassete contendo sons bilaterais), visite o site da BioLateral:

www.biolateral.com ou www.emdrbrasil.com.br

SOBRE O AUTOR

David Grand, Ph.D. é psicoterapeuta, especialista (doutorado pela International University), e palestrante reconhecido internacionalmente no campo do trauma emocional. Diretor e escritor de filmes e peças de teatro é também autor de outros livros (*Definindo e Redefinindo EMDR*) e artigos em português. Dr. Grand tem investido sua vida ao avanço, desenvolvimento e expansão de ferramentas modernas para o tratamento de trauma, assim como o desempenho ótimo, ambos intimamente relacionados no cérebro.

David Grand dirigiu o documentário *Come Hell or High Water* sobre sobreviventes dos ataques terroristas às torres do World Trade Center de Nova Iorque, que ele levou à Nova Orleans depois desastre do Furacão Katrina. David escreveu a peça *I Witness (Sou Testemunha)*, sobre suas experiências no tratamento de sobreviventes do pós-11 de setembro. Ele já lecionou no Mike Nichol's New Actor's Workshop e atualmente trabalha com no desenvolvimento das potencialidades de atores de teatro, cinema e televisão. Em 2004, Grand dirigiu a peça, *Christmas in New York, (Natal em Nova Iorque)* Off Broadway no Common Basis Theatre.

Dr. Grand já foi entrevistado na rede de televisão CNN, NBC e nos programas *Nightline, Jane Pauley Show* e *NBC Extra* e foi destaque nos jornais *New York Times, Wahington Post, O Magazine, Golf Digest* e *Newsday* pelo seu enorme sucesso em curar vítimas de trauma e tratar as aflições do esporte até então intratáveis, como os "yips"[4]. O documentário da PBS *"Depression: Out of the Shadows"* (Depressão: Fora das Sombras) o qual incluiu Dr. Grand como um especialista de destaque ganhou um *2008 Peabody Award* (Prêmio Peabody de 2008).

Dr. Grand é um palestrante, treinador de desempenho e orador público muito procurado. Ele ensinou atuação dramática no *New Actors Workshop* e também acompanhou em prática

---

[4] **N. da T. – Yips é uma expressão que vem do golfe, onde o atleta comete repetidamente erros que não seriam mais esperados para um atleta profissional. A expressão se generalizou para outros esportes e cada um tem a sua versão.*

privada atores de tela e de teatro. Tem apresentado seminários sobre seus métodos inovadores e conferências em numerosas conferências de terapia internacionais, também ensinando em seminários sobre desempenho e criatividade. Atualmente passa meses do seu ano viajando ao redor do mundo treinando terapeutas no uso do *Brainspotting*, uma nova abordagem de psicoterapia que ele descobriu e desenvolveu a partir do EMDR, e compartilhando seu Som BioLateral com organizações profissionais de todos os tipos, incluindo organizações esportivas, de negócios, arte e de terapia. (Ele desenvolveu e produziu a tecnologia de BioLateral Sound Recordings **www.biolateral.com** atualmente utilizada por milhares de terapeutas ao redor do mundo para facilitar a recuperação emocional.) Em 2009 ele ensinou o primeiro curso de Brainspotting no Instituto Omega em Rhinebeck, Nova York.

Comprometido com o uso do EMDR como uma ferramenta para aliviar o sofrimento humano, Dr. Grand tem sido amplamente reconhecido pelas suas contribuições humanitárias, tendo dividido seu incrível poder e *insights* em relação às questões do trauma com o mundo. Ele é o diretor clínico do programa *Faithful Response* (Resposta Fiel) que trata sobreviventes do 11 de Setembro e veteranos das guerras do Iraque e Afeganistão. Ele é ex-presidente da EMDR-HAP (Programa de Assistência Humanitária) e coordenou vários treinamentos gratuitos em locais necessitados tais como na Irlanda do Norte, Israel, e em cidades do interior dos Estados Unidos. Também tratou milhares de sobreviventes do ataque ao World Trade Center e furacão Katrina.

Dr. Grand mantém um trabalho privado de psicoterapia e desenvolve trabalho de melhoria de desempenho em Manhattan e Long Island, em Nova York.

www.ingramcontent.com/pod-product-compliance
Lightning Source LLC
Chambersburg PA
CBHW020609270326
41927CB00005B/249